KB124085

우리, **함께 살 수 있을까?**

밀레니얼 세대를 위한 북맹 탈출 안내서

우리,
함께 살 수 있을까?

밀레니얼 세대를 위한 북맹 탈출 안내서

김진향 지음

남과 북

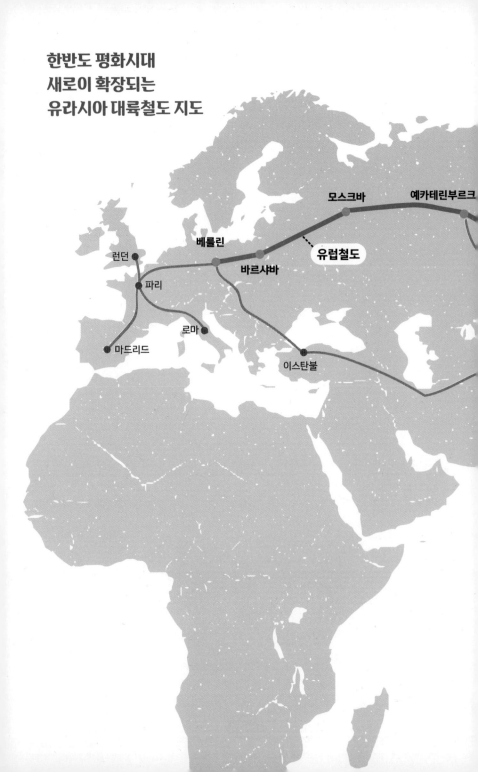

**한반도 평화시대
새로이 확장되는
유라시아 대륙철도 지도**

런던

파리

마드리드

베를린

바르샤바

로마

이스탄불

모스크바

예카테린부르크

유럽철도

노보시비르스크

시베리아횡단철도

이르쿠츠크

만주횡단철도

울란바토르

하얼빈

하바롭스크

몽골횡단철도

베이징

블라디보스토크

한반도종단철도

신의주
평양

중국횡단철도

서울

정저우

목포 부산

상하이

광저우

방콕

호치민

프놈펜

쿠알라룸푸르

싱가포르

서울역이 국제역이 되어
유라시아 대륙을 쏘다니는 글로벌 인재가 되고
개마고원 록 페스티벌에서 떼창을 하며
남북 공동 스타트업 시대를 이끌어갈
남북의 청년 여러분을 응원합니다!

지난해 가을, 오랜만에 개성에 다녀왔습니다.

5년 만이었습니다. 북측 개성시에 위치한 개성공단관리위원회. 한때 제 일터였으나 한동안은 꿈속에서만 거닐 수 있는 곳이었지요. 송악산이 한눈에 보이는 경치 좋은 곳입니다. 공단 내 마트에서 아침거리로 우유 하나를 사서 사무실에 들어서면 북측 직원인 진옥과 향이, 은심 동무가 "반갑습네다" 하며 정답게 인사를 건네던 곳이었습니다.

개성에서 근무를 시작한 건 2008년입니다. 4년 동안 그곳에 체류하며 북측 관계자들과 개성공단, 남북관계 관련 협상을 했습니다. 노무현 대통령님을 모시고 청와대 국가안전보장회의 사무처에서 한반도평화체제담당관과 남북관계국장으로 일한 인연이 닿아 그리되었습니다. 물론 그 전에 남북의 평화와 통일, 북한을 연구하는 학자였고 개성공단 건설 과정을 함께하기도 했던 배경이 있습니다. 그러나 이명박 정부가 들어서고 개성공단이 바람 앞의 등불처럼 간신히 숨통을 유지하던 2011년 7월, 개성을 떠나왔습니다. 제가 꿈꿨던 공단의 모습을 찾을 수 없었기 때문입니다.

개성공단이 닫힌 지 3년여… 그새 공단의 가로수는 훌쩍 커버렸더군요. 그동안 개성공단도 잘 살아주었구나 싶었습니다. 북측 동포들은 우리가 하루아침에 내팽개치듯 중단해버린 공단을 잘 관리하고 있었습니다. 개성공단의 남측 기업과 공장들을 남측 자산, 남측의 공장이라고 버려두지 않고 남북공동의 민족자산이라며 잘 보살피고 있었습니다. 정기적으로 청소도 하고 설비도 손보는 등 손 쓸 수 있는 한 최선을 다해 돌봐왔다고 했습니다.
참으로 고마웠습니다.
북측 관계자들과의 만남도 감격스럽기는 매한가지였습니다. 서로 악수한 손을 마주 잡고는 놓을 줄을 몰랐습니다. 개성으로 오는 길은 이렇게나 가까운데 우리가 다시 손을 잡기까지는 참으로 오랜 시간이 걸렸습니다.

"진짜 보고 싶었습니다."
"압니다. 이사장 선생의 그 마음, 우리도 잘 압니다. 우리도 같은 마음인 거 이사장 선생도 잘 아실 겁니다."

북측 억양 특유의 정취가 그대로 묻어나는 진심을 다시 확인할 수 있었습니다. 그렇게 한동안 손도 놓지 않고 그간의 아쉬움과 안타까움, 애써 참고 있던 속마음을 조심스레 풀며 서로의 눈을 지그시 바라보았습니다. 안타깝고 서글픈 마음에 함께 눈시울이 붉어졌습니다.

"이사장 선생, 4·27 판문점선언 시대입니다. 새로운 시대에 맞게 우리민족끼리 힘을 합쳐 평화통일의 새 시대를 열어가야 합니다. 선생의 역할이 진짜 큽니다. 잘 해주시라요."

짧은 만남을 뒤로하고 헤어질 때 기운찬 목소리로 격려를 받았습니다. 애틋한 눈빛이 오갔습니다. 말하지 않아도 개성공단을 다시 열고, 함께 평화의 시대를 열어가자는 간절함을 느낄 수 있었습니다.

그때 문득 떠오르는 얼굴들이 있었습니다. 지난봄에 만났던 '로드스꼴라'의 천사들. 길 위에서 배우고 놀고 인생을 찾아가는 참으로 아름다운 친구들이었습니다. 인연이었습니다. 그 친구들과 4주 동안 <행복한 평화 너무 쉬운 통일> 강연을 나눴습니다. 진지하게 듣고 재기발랄하게 질문하고 웃음 짓던 친구들 모두가 보석이었습니다. 강연을 나누는 동안 오히려 제가 많이 배웠습니다.

강연을 마쳤을 때 천사들이 자신들만 알기에는 너무 아쉽다며 책으로 엮자고 제안했습니다. 이 책은 그렇게 해서 나왔습니다. 분단과 통일, 평화, 북한에 대한 진솔한 이야기들을 있는 그대로 담았습니다.

2018년 4·27 판문점선언 이후 새로운 평화의 시대가 펼쳐지고 있습니다. 조만간 우리는 평양과 개성공단에 가고 금강산과 백두산도 가게 될 겁니다. 옥류관에서 평양냉면을 먹고 모란봉 공원에 올라 을밀대와 부벽루에서 대동강맥주를 마실 수 있게 됩니다.
여러분이 이 놀라운 현실을 맞닥뜨리기 전, 진짜 북을 이야기하고 싶었습니다. 지난 70년간 이어져 온 분단체제는 우리가 북에 대해 아무것도 알지 못하게 했기 때문입니다. 분단체제는 북에 대한 진실을 왜곡하고 거짓을 일상화합니다. 평화와 통일·북측에 대한 진실을 은폐하고, 적대와 혐오·반목과 질시를 가르칩니다. 분단체제는 평화와 통일을 가르치지 않고 분단을 심화시켰습니다.

북을 알면 분단을 넘어 평화와 통일로 나아가는 길이 보입니다. 기쁘면서도 아슬아슬한 마음입니다. 70년 분단체제를 넘어갈 절호의 기회이기 때문입니다. 평화는 저절로 주어지지 않습니다. 우리 스스로, 우리 힘으로 만들어가야 합니다. 청년들이 묻고 제가 북한학자의 양심을 걸고 사실에 따라 진솔하게 답했습니다. 북측 사회도 진실로 평화를 원하고 있음을, 앞으로 평화로운 한반도를 만들고 살아갈 청년들과 용기 있게 나누고 싶었습니다. 헬조선의 근원이 분단이라는 것을 여러분도 인식할 수 있도록 말입니다.

머지않아 개성공단이 다시 열리게 되면, 그곳에는 남과 북의 청년들이 교류할 수 있는 코워킹스페이스가 생겨나고 다양한 분야에서 협업하여 스타트업도 열며, 새로운 평화를 실현해가는 기적 같은 현장이 될 겁니다. 여러분과 그 현장의 주인공으로 함께하게 되기를 진심으로 바랍니다.

이 책을 계기로 북을 제대로 알고 남과 북이 서로의 다름과 차이를 옳고 그름, 맞고 틀림이 아닌 그저 '다르다'고 인식할 수 있는 마음자리가 들어선다면 더할 나위가 없겠습니다. 그 마음이라면 진짜 남과 북이 함께 원원하는 평화와 공동번영의 시대가 새롭게 열릴 것입니다.

2019년 1월
김진향

한국이 싫어서, 통일도 싫을 너에게

저는 이 책에서 김진향 선생님께 미주알고주알 질문을 던진 청년 중 한 명이자, 북에 관해서라면 초등학교 때 <우리의 소원은 통일>을 따라 부른 것 말고는 북을 떠올려보지도 궁금해하지도 않던 사람입니다. 그러다 우연히 선생님을 만났습니다. 그리고 이런 질문을 받았습니다.

"여러분, 우리는 북을 제대로 알고 있을까요?"

저는 이렇게 대답했습니다.

"아니, 선생님. 요즘 청년들이 알아야 할 것도 해야 할 일도 많은데 굳이 북까지 알아야 할까요?"

그렇게 선생님의 이야기를 듣게 되었습니다. 한번 강의를 하면 그 열기가 얼마나 뜨겁던지, 시간 가는 줄 모르고 이야기에 푹 빠지게 되더군요. 선생님의 구성진 대구 사투리가 귀에 쏙쏙 박혔습니다.

처음 김진향 선생님의 강연 제목 '행복한 평화 너무 쉬운 통일'을 보고는 말도 안 된다고 생각했습니다. 통일이 쉬울 리가 없으니까요. 행복한 평화는 멀고 먼 미래처럼 보였습니다.

그런데 선생님이 들려주는 이야기는 정말 쉬웠습니다. 낯설기만 할 줄 알았는데 거기도 사람 사는 세상이구나 싶더군요. 우리 대한민국의 국가 공식 통일방안을 제대로 알고 나니 통일이 어렵지 않아 보였습니다. 관심이 생기니 팟캐스트도 찾아 듣고, 여러 책도 읽으며 공부를 하기 시작했습니다. 강의가 끝나고 나서는 김진향 선생님과 함께 러시아로 현장답사를 떠나기도 했고요.

이야기를 들으면 들을수록 머릿속에 느낌표와 물음표가 아로새겨지더군요. 이렇게나 북을 모르고 살았다니! 아니, 이십 년이 넘도록 이 엄청난 이야기를 왜 아무도 말해주지 않은 거지? 우리 엄마도 아빠도 오빠도 동생도 선생님도 친구도, 어째서 이 모든 이야기를 모르고 사는 거지? 하고 말입니다. 북에 대해 알면 알수록 남과 북의 평화를 만드는 일이 내가 행복해지는 가장 현실적인 방법이라는 확신이 들었습니다.

제 이야기, 아니 우리 청년들 이야기를 조금 더 해보겠습니다.

사회학자 김동춘은 『대한민국은 왜?』라는 책에서 "되찾고 싶던 나라는 어쩌다 떠나고 싶은 나라가 되었을까?"라고 질문했습니다. 소설가 장강명은 그의 책 『우리의 소원은 전쟁』에서

"우린 다 태어나서는 안 될 나라에 태어났다는 생각이 들어"라고 썼습니다.

이런 질문과 문장에 저를 포함한 한국 청년들의 감정이 담겨있습니다. 바다 건너 외국으로 탈조선을 감행하거나 열심히 스펙을 쌓을 의지가 남아있는 건 비교적 양호한 상태입니다. 한국이라는 나라에서 삶을 이어나가는 것 자체가 짜증 나고 피곤하다 못해 아프기까지 하여, 차라리 죽음을 생각하는 청년이 점점 늘어난다는 생각이 들었습니다.

희망 없음, 탈출구 없음, 어쩔 줄 모름.

이런 상황에서 우리를 계속 살게 하는 건 위로와 재미와 혐오 말고 또 뭐가 있을까요? 소소한 행복, 소소한 재미, 소소한 꿈, 소소한 이익 말고는 한국 땅에서 딱히 추구할 미래가 없어 보입니다.

지금 여기서 내가 당장 움켜쥘 수 있는 것들을 사랑할 수밖에 없는 거지요. 청년들에게 꿈이 작아졌다고, 세상을 바라보는 시야가 좁아졌다고 탓하기에는 어쩔 수 없지 않나 하는 생각이 듭니다.

그러나 김진향 선생님의 이야기를 듣고 나서는 제 안의 무언가가 단단히 변화했다는 걸 느낍니다. 소소한 일상이 저 자신을 지질하게 하면 "거참, 자잘해서 못 놀겠네. 어서 통일돼서 유라시아 대륙에서 놀든지 해야지." 지레 큰소리쳐봅니다. 마치 하동을 떠나 만주 벌판으로 가버린 소설 『토지』의 주인공 서희라도 된 것처럼요. 몇 년째 취업 면접에 떨어져 힘들어하는 취준생 친구에겐, 앞으로는 서울역에서 기차를 타고 유라시아 대륙에서 일하게 될 테니 걱정하지 말라며 너스레를 떨기도 하고요.

취업·주거·최저시급·끝없는 경쟁… 답 없는 고민 주위를 뱅글뱅글 돌다가도, 이래서 하루빨리 한반도 평화체제가 정착되어야 하는 거라며 이야기를 마무리합니다. 친구는 제게 '평화 깔때기'라는 별명을 붙여주기도 했습니다.

도대체 이런 변화는 어디서 비롯된 걸까요?

미래를 낙관하는 힘은 신기하게도 북을 제대로 알고 나니 생겼습니다. '적'으로 알고 지내온 그곳, 핵과 독재와 세뇌당하며 산다고 여겼던 사람들 말고는 아는 게 없던 그곳, 우리 머릿속 지도에서 뻥 뚫린 검은 공간처럼 존재하던 조선민주주의인민공화국 말입니다.

아주 먼 줄 알았는데, 아주 가깝더군요. 휴전선 너머 윗동네 모습을 제대로 그려낼 수 있게 되니 평화와 통일로 가는 길이 훤히 보입니다. 제가 가야 하는 길이라곤 그 길밖에 없다는 것을, 한반도 평화시대야말로 내가 제일 잘 살 수 있는 시대라는 것을, 그러니 한반도 평화체제를 실현해가는 일은 제 삶에서 정말 중요한 문제라는 것을 알아버렸습니다.

조만간 새로운 시대가 열릴 테지요. 서울역이 국제역이 되어 기차 타고 바이칼 호수로 훌쩍 떠나고, 유라시아 대륙을 쏘다니는 글로벌 인재가 되고, 개마고원 록 페스티벌을 세계의 청년들이 함께 즐기는 그런 시대가 오고 있습니다.

좀 거창한가요. 아무렴 어때요. 꿈은 이루어진다는데요. 때마침 평창올림픽과 남북정상회담, 북미정상회담, 판문점선언과 평양선언까지, 한반도 평화시대를 위한 숨 가쁜 여정이 이어지고 있습니다. 그 길에 제 온 힘을 보태려 합니다. 저와 제 친구들을 위해서 말입니다.

어쩌면 김진향 선생님의 열정에 전염된 걸지도 모릅니다. 하지만 이거 하나만큼은 분명합니다. 북에 대한 온전한 인식이 저와 제 친구들의 일상과 삶의 태도를 바꿨다는 사실이요. 이 책을 드리는 이유입니다. 제가 경험한 즐겁고 행복한 변화를 함께 느낄 수 있길 바라며….

2019년 1월
황지은

차 례

들어가며

**우리가
왜 통일을
해야 해?**

1. 2018년 대한민국에선 무슨 일이?   22

2. 통일하면 우리 손해잖아요   30

3. 북한이 평화를 원한다고요?   37

4. 중국과 대만은 하고 남과 북은 못 한 것   43

5. 전 세계가 한반도를 주목하는 이유   50

**북한을
어떻게
믿어?**

6. 핵부터 내려놓고 말해   62

7. 스물여덟 김정은, 어떻게 최고지도자가 됐을까?   70

8. 조선노동당은 1984의 빅브라더?!   77

9. 개성공단에 관한 몇 가지 오해   86

10. 실수하면 아오지탄광에 간다?   95

11. 탈북자가 탈북하는 진짜 이유   101

12. 사상교육? 세뇌교육? 북한 청소년의 학교생활   107

13. 그들의 평범한 일상 로그   115

14. 김정은 체제, 달라지는 북한 청년들의 고민   121

통일되면 뭘 할 수 있는데?

15. 남북한 평화의 유니콘, 개성공단   130

16. 서울역이 국제역이 된다면?   141

17. 통일하면 '존버' 그만해도 됩니다   152

우리 정말 함께 살 수 있을까?

18. 통일은 생각하지 마   164

19. 너와 나의 연결고리, 판문점선언   173

20. 상호존중, 이거 하나면 함께 살 준비 끝   185

21. 한반도 평화시대, 내가 하드 캐리 한다!   192

나가며   평화가 곧 통일입니다   198

부록   문재인 대통령 평양 5·1경기장 연설문   210

일러두기

· 이 책은 김진향 저자의 강연 <행복한평화 너무쉬운통일>을 바탕으로 하였습니다.
  이 강의를 들었던 두 청년 저자가 대표 저자와 함께 밀레니얼 세대의 눈높이에 맞춰 집필했습니다.

· 본문의 일부 전문 용어의 표기 및 띄어쓰기는 저자의 기준에 따랐습니다.

· 본문에 나오는 '북맹'은 북에 대한 총체적 무지를 뜻하는 말로 저자가 만든 낱말입니다.

· '남측'과 '북측'은 지난 2000년 6.15공동선언 당시 남측의 기자협회와 PD협회가
  남과 북을 공식 지칭할 때 쓰기로 합의한 표현입니다.

· 입말을 살리기 위해 한글맞춤법을 따르지 않은 표현이 있습니다.

· 본문 108~120쪽 내용은 북한이탈주민 김지이 님을 인터뷰한 내용입니다.

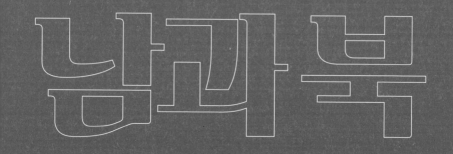

우리가
왜 통일을
해야 해?

2018년
대한민국에선
무슨 일이?

저는 북한이 좀 이상한 나라라고 생각했어요. '북한' 하면 주로 독재나 전쟁 같은 부정적인 이미지가 떠오르니까요. 그런데 2018년에 들어 남북정상회담·북미정상회담 등 다양한 외교 회담이 진행되고, 김정은 국무위원장과 문재인 대통령이 판문점에서 활짝 웃으며 껴안고 있는 모습을 보니 뭔지 모르겠지만 달라졌다는 느낌이 들더라고요. 북한은 갑자기 왜 이렇게 변한 거예요?

네, 그렇죠. 사실 혼란스러운 건 여러분만이 아니에요. 먼저 하나 물어볼게요. 북측이 변한 걸까요, 북측을 바라보는 우리의 인식이 변하는 걸까요? 국민 모두가 갑작스러운 남북 평화무드, 나아가 북측과 미국의 화해 분위기를 보고 놀라고 당황했습니다.

지난 1년을 간략하게 되짚어 볼까요? 여러분도 기억할 겁니다. 북측의 핵실험을 두고 김정은 국무위원장과 트럼프 대통령이 '로켓맨'이니 '늙다리 미치광이'니 하던 일이 불과 얼마 전입니다. 2017년만 해도 한반도 전쟁설이 실시간 검색어에 오를 정도로 전쟁의 위기가 심각한 수준이었죠.

2018년 들어 갑작스레 평화무드가 조성됐습니다. 그리고 4월에 문재인 대통령과 김정은 국무위원장이 판문점에서 만났죠. 30여 분간 '도보다리 회담'도 가졌고요. 여러분이 좋아하는 아이돌그룹 레드벨벳이 평양에서 공연을 하고 평양냉면을 맛보는 사진도 등장했어요.

남북정상회담에 힘입어 김정은 국무위원장과 트럼트 대통령이 싱가포르에서 최초로 북미정상회담을 가졌습니다. 오랫동안 미국의 적대국으로 악의 축, 불량국가, 깡패국가로 불리던 북한이 미국의 최고지도자와 최초로 정상회담을 하게 된 거죠.

그뿐인가요. 9월에는 문재인 대통령이 직접 평양을 방문해 남측 대통령 최초로 15만 평양시민 앞에서 공개적인 대중연설을 합니다. 김정은 국무위원장과 백두산 천지를 깜짝 방문하기도 했죠. 참으로 엄청난 변화입니다. 불과 1년 전만 해도 우리 대통령이 북측 국무위원장과 함께 백두산을 오를 거라고 상상이나 했나요.

그러니까요. 맨날 핵과 전쟁 이야기만 난무하던 한반도

에 어떻게 이런 변화가 생긴 걸까요?

4·27 판문점선언부터 6·12 북미정상회담 그리고 9·19 평양선언에 이르는 한반도의 평화무드가 북측의 태도 변화 때문일까요? 돌아온 탕아처럼, 그들이 갑자기 정신을 차리기라도 한 걸까요? 그럴 리가 없죠. 북측은 예나 지금이나 비슷합니다. 뭐 이 얘기는 차차 하기로 하고, 2018년 한반도가 평화무드에 이른 원인은 단순하고도 강력합니다. 더이상 평화를 미룰 수 없기 때문입니다.

평화를 미룰 수 없다고요?

네, 사실 이런 분위기가 처음은 아닙니다. 학교에서 근현대사 공부를 꼼꼼히 한 친구들은 알 거예요. 이미 2000년 6월 13~15일에 김대중 대통령이 평양을 방문해 김정일 국방위원장과 남북정상회담을 했죠. 이제부터 남북이 서로를 인정하고 화해협력을 통해 평화통일을 지향해나가자고 합의한 6·15 남북공동선언문을 채택했고요. 2007년에도 노무현 대통령이 김정일 국방위원장을 만나 10·4 남북공동선언문을 채택하며, 6·15 남북공동선언을 적극 구현해나가기로 재합의했습니다.

남북이 이미 2000년에 평화롭게 통일하기로 합의했다

는 건가요?

그렇죠. 여러분, 우리 대한민국에 국가 공식 통일방안이 있다는 사실을 아세요? 대부분 모를 거예요. 우리나라엔 국가의 공식 통일방안이 있습니다. 1989년 정부가 만들고 국회에서 비준하여 공포한 **민족공동체 통일방안**이 바로 그것입니다. 이미 30년 전, 어떻게 통일을 할지 국가 차원에서 공식 통일방안을 내놓은 거죠.

그런데 여러분이 모르는 더 중요한 사실이 있어요. 혹시 남북이 이미 통일방안을 합의했다는 이야기를 들어본 적 있어요? 2000년 6·15 공동선언에서 남과 북은 민족공동체 통일방안에 입각하여 통일의 절차와 과정에 대해 구체적인 합의를 이뤄냈어요. 공식 통일방안 관련 이야기는 4부에서 자세히 다룰 예정이니 우선 **1단계 화해협력-2단계 남북연합-3단계 완전통일**로 나아가는 점진적 통일 과정이라고 알아두세요.

여기서 중요한 건, 1989년에 만들어 2000년 북측과 합의한 국가 공식 통일방안이 아직 실천되지 않고 있다는 사실입니다. 1단계조차 여태껏 실현되지 않았어요. 이제 30년간 미뤄온 1단계를 다시 가동할 때가 왔습니다.

남북이 함께 평화의 시대를 열어나가는 건 좋지만, 우리가 굳이 통일까지 해야 하는지 잘 모르겠어요. 어떤 사람들은 통일이 도둑처럼 온다고도 하던데, 오랫동안 교류 없이 살던 두 사회가 갑자기 같이 살게 되면 혼란스러워지지 않을까요.

당장 통일을 생각하지 않아도 됩니다. 지금부터는 통일에 대한 개념을 새롭게 보아야 해요. **평화가 곧 통일**이니까요. 재밌는 이야기를 하나 들려드릴게요.

2000년 6월, 분단 이래 처음으로 김대중 대통령이 평양을 방문했죠. 이전까지 남측 대통령이 북측을 방문하거나 북측 최고지도자가 남측을 방문한 적은 없거든요. 평양 순안공항에서 처음 만난 두 지도자는 악수를 하고 환영 인파를 향해 손을 흔든 뒤, 김대중 대통령이 김정일 국방위원장의 차량에 함께 오릅니다. 예정에 없던 일이었죠. 그리고 이동하는 차 안에서 이런 대화를 나눕니다.

김정일 국방위원장　대통령님, 북과 남이 완전통일까지 가는데, 어느 정도의 시간이 걸릴 것 같습니까?

김대중 대통령　지금처럼 남과 북이 진짜 열심히 노력하면 완전통일까지 한 30년이면 되지 않을까요?

김정일 국방위원장　(웃으면서) 네, 30년…. 대통령님, 제가 보기에는 북과 남의 완전통일까지는 지난 분단의 세월만큼은 걸릴 것 같습니다. 하하.

두 지도자의 대화에서 무엇을 알 수 있느냐 하면요. 통일은 갑작스레 이루어지는 게 아니라 강산이 몇 번 바뀌는 오랜 시간을 거쳐야 한다는 거예요. 여러분이 걱정하는 것처럼 '갑자기 같이 살게 되는 통일'은 없어요. 자고 일어나면 통일이 되어 있다는 말은 거짓말이에요. 그런 통일은 전쟁밖에 없어요. 전쟁을 치르면서까지 통일을 해서는 안 되죠. 통일은 평화공존의 수십 년 과정으로 존재하는 거니까요. 결국 평화 그 자체가 통일이에요.

그럼 지금 꼭 통일을 하지 않아도 된다는 말인가요?

그럼요. 오랫동안 두 사회가 평화롭게 공존하고, 함께 번영하는 시간이 쌓여 자연스럽게 통일 상황으로 흘러간다고 보면 돼요. 하루아침에 이루어지는 통일은 없으니까요. 통일은 갑자기 어디서 툭 떨어지는 게 아니라 남과 북이 오랫동안 화해하고 협력하는 시간을 보내는 과정, 그 전체의 과정이 통일이라는 거예요. 그래서 우리나라의 공식 통일방안인 민족공동체 통일방안도 통일을 3단계의 과정으로 설명해요. 우선 전쟁을 종식하고 경제적·사회문화적으로 다양한 방면에서 활발하게 교류해야 해요. 우리 기업이 북으로 진출하고, 이산가족도 만나고, 여행도 다니고, 교환학생도 오가는 거죠. 남과 북 두 정부의 연합 형태인 국가연합 단계도 거치고요. 그러다 보면 평화가 단단하게 제도화될 수 있어요. 이 과정을 거친 이후에 완전통일로 가는 거예요. 그래서 **통일을 평화의 오랜 제도화 과정**으로 보는 겁니다.

당장 통일을 하느냐 마느냐보다 남과 북이 서로 교류하는 과정 자체가 중요하다는 거군요.

그렇죠. 여러분이 통일의 개념도 잘 모르고, 북한에 대해 부정적인 감정과 이미지를 가지고 있는 건 당연합니다. 어른들도 잘 몰랐기 때문에 여러분에게 제대로 가르쳐주지 못한 거예요. 하지만 이제 시대가 달라졌어요. 질문의 방향을 바꾸고 시선을 뒤집어 봐야 해요. 누가 뭐래도 남과 북은 한반도에서 함께 살아가는 한 민족, 한 동포, 한 가족이잖아요.

우리와 일본 사이에 적대적인 역사가 있어도 모든 교류를 끊고 모른 척 살지 않잖아요. 이웃으로 서로를 궁금해하고 소통하다 보면 자연스럽게 평화와 통일이 와있을 거예요.

정리하자면, 2018년 들어 남북 화해무드가 조성되고 상호 신뢰를 회복하게 된 건 분단시대를 종식하고 평화시대로 가고자 하는 남과 북의 확고한 의지가 모인 거예요. 2000년 6·15 공동선언과 2007년 10·4 선언 등 오래전부터 남북이 평화와 통일로 가고자 하는 의지와 노력이 쌓여 2018년

4·27 판문점선언까지 온 거죠. 바야흐로 70여 년 분단체제에 종언을 고하고 평화의 시대, 평화체제로 진입하고 있는 겁니다. 평화를 향한 도도한 역사의 흐름, 시대적 대세, 기세로 움직이는 겁니다. 북측에 대한 오해와 불신은 저와 함께 차차 풀어나가기로 하죠.

통일하면
우리
손해잖아요

선생님은 평화가 곧 통일이라고 하셨죠. 현실적으로 보면 평화에도 돈이 필요할 거라고 생각해요. '통일비용론'이란 말도 있듯이요. 통일하면 왠지 우리가 손해일 것 같아요.

여러분, 통일을 하는데 왜 돈이 든다고 생각하죠? 통일비용론이라는 말은 통일하면 우리가 엄청난 세금을 내야 한다는 건데요. 통일비용론을 주장하는 사람들은 통일 과정에 필요한 천문학적인 비용을 거론하면서, 돈이 많이 든다며 통일을 부정적으로 말하죠.

하지만 통일비용론이 상정하는 통일은 잘못된 통일, 허구적 통일 개념입니다. 여기서 말하는 통일은 북측이 한순간에 붕괴해서 우리가 흡수통일을 하는 경우거든요. 여기서 통일비용이란 북측 주민 2천 5백만 명의 전체 사회복지를 우리 남측이 책임지고 그들의 1인당 GDP(Gross Domestic Product, 국내총생산)를 3천 달러, 5천 달러, 7천 달러로 올리기 위해 우리가 내야 하는 세금을 일컫는 말입니다. 우리 국민들이 매년 엄청난 수준의 통일세금을 부담해야 한다는 거지요. 그런데 그런 통일은 없어요. 국가의 공식 통일방안인 민족공동체 통일방안을 부정하는 잘못된 통일 개념이에요. 통일은 평화의 오랜 과정인데 그 과정에서 그런 비용은 들지 않아요. 통일비용론에서 가정하는 것처럼, 조선민주주의인민공화국이라는 한 국가가 갑자기 붕괴할 수 있을까요?

질문을 바꿔봅시다. 대한민국이 갑자기 붕괴할 가능성이 있나요? 현실적으로 불가능한 이야기예요. 그런 현실성 없는 질문을 북에도 적용하면 안 된다는 거죠. 그런데 통일비용론을 주장하는 사람들은 계속 북한이 무너질 거라고 이야기해요. 통일에 대한 오해를 불러일으켜, 오히려 통일을 반대하게 하는 반통일 담론입니다.

생각해보니 말이 안 되는 이야기네요. 그래도 사람들의 생활수준 차이도 나고 말과 문화도 다르니 그걸 맞추기 위해서는 돈도 들고 시간도 들 것 같은데요?

헌법에 명시된 평화통일의 가치와 대한민국의 공식 통일방안인 민족공동체 통일방안, 그리고 남북이 합의한 통일방안 어디에도 통일비용을 상정하지는 않아요. 일방적으로 퍼주는 식의 통일은 생각조차 하지 않는 거죠. 통일비용을 주장하는 사람들은 민족공동체 통일방안을 모르거나, 남북이 합의한 통일방안이 있다는 사실 자체를 모르는 사람들입니다.

반대로 이렇게 생각해봅시다. 분단을 유지하는 데 드는 비용은 얼마나 될까요? 우리가 무심코 치르는 **분단비용**이 있습니다. 직접적으로는 분단으로 인한 국방비와 체제유지비, 사회적 비용은 물론 국제정치적 손실과 외교비, 코리아 디스카운트(Korea discount, 우리나라 기업의 주가가 비슷한 수준의 외국 기업의 주가에 비해 낮게 형성되어있는 현상. 분단으로 인한 불안 요인이 하나의 원인으로 꼽힘.) 등 다양한 항목이 있을 거예요.

이중 군사비 항목을 들여다볼까요. 2019년 기준으로 우리나라의 1년 국방예산은 약 48조 원입니다. 우리보다 앞서 통일한 독일의 경우, 통일 후 국방예산을 기존보다 80퍼센트 가까이 줄이게 됩니다. 말하자면 우리는 전체 국방비의 약 80퍼센트에 해당하는 39조 원이라는 분단비용을 매년 치르고 있는 셈이죠. 이건 손해가 아닌가요? 또한 모든 남성이 의무적으로 21개월 동안 군대에 다녀오죠. 이 때문에 발생하는 시간과 기회비용은 얼마나 클까요? 만약 분단으로 인한 사회적 비용을 돈으로 환산하면 그야말로 엄청날 겁니다. 통일비용 자체가 허구적 개념이지만, 평화와 통일의 과정에 필요한 비용을 분단비용과 비교한다면 극히 미미할 거예요.

듣고 보니 분단비용에 대해서는 한번도 생각해보지 않았네요.

그만큼 통일비용론이 우리 사회에 강력하게 퍼져있기 때문이죠. 숫자로 측정할 수 없는 스트레스 지수와 사회적 비용까지 포함하면 분단비용은 훨씬 더할 겁니다.

분단으로 인한 스트레스와 사회적 비용도 있다고요? 저는 스트레스를 느낀 적이 없는데요.

과연 그럴까요? 여러분, 대한민국의 모든 남성이 군복무를 하는 것이 당연한 일일까요? 아닐 수도 있습니다. 어떤 나라는 모병제를 통해 군병력을 모집하기도 하거든요. 하지만 우리에게는 인구의 절반이 반드시 '군인'이 되어야 한다는 게 당연해 보이잖아요. 남과 북이 분단체제를 유지하는 한 사실상 이 전제는 깨질 수 없습니다. 분단이 여전히 현재진행형이라는 증거죠.

대한민국 남성 대부분이 군대에 다녀오기 때문에 군대문화는 알게 모르게 우리 사회문화에 상당한 영향을 줍니다. 우리는 거의 인식하지 못하고 있지만요. 분단체제 속 군대문화의 핵심은 적대와 폭력입니다. 군에서는 일상적으로 북을 비난하며 적대심을 강화하는 교육을 합니다. 북을 적대시하고 불신하며 증오하는 감정이 체화될 수밖에 없죠.

군대 내 폭력문화는 또 어떻습니까. 특히 예전의 군대는 폭력이 일상화된 곳이었어요. 상급자가 하급자를 때려도 이유를 묻거나 신고하지 못했습니다. 물론 요즘은 많이 바뀌었지만 말이에요.

한국 남자 대부분이 이런 비정상적·폭력적 군대문화를 경험하고 사회구성원이 되니 어떻겠어요? 일상화된 사회적 폭력을 정당화하고 '때려야 정신 차린다'는 무서운 말이 나오는 거죠. 이처럼 차별과 혐오, 폭력을 정당화하는 태도는 우리 사회에서 일어나는 여러 사회병리 현상의 원인이 됩니다. 분단이 지속되면서 폭력적인 군대문화가 우리 사회 전반에 비정상적으로 투영된 겁니다.

국가는 이런 군대문화를 근본적으로 해소하려고 고민해야 합니다. 북을 향한 적대감만으로 군대를 운영한다면, 군대는 분단체제를 확대재생산하는 도구로 악용될 수밖에 없습니다. 악순환이죠.

그렇군요. 이제 분단과 군대문화의 연결고리를 조금 알 것 같아요. 분단을 넘어선 새로운 군대문화는 어떤 모습이어야 할까요?

원래 군인정신의 핵심은 자기 공동체에 대한 애정과 자긍심이에요. 공동체를 스스로 지키고 싶은 애국심으로 군대에 가는 겁니다. 이 땅을 '헬조선'이라고 생각한다면 누가 자진해서 지옥을 지키고 싶겠어요? 자신과 자신이 사랑하는 사람들이 사는 곳에 대한 신뢰와 애정이 있어야 영하 20도까지 떨어지는 한겨울에도 휴전선 철책에서 밤새워 초소를 지킬 수 있겠죠.

그런데 요즘 청년들은 군 입대를 어떻게 생각하나요? 슬픈 이야기입니다만, 모두 끌려간다고 생각하죠. 그런 군인들을 폭력으로만 다스리려고 한다면 군대는 지속될 수 없습니다. 오히려 내적 갈등만 키워 전투력 자체를 떨어뜨리죠. 따지고 보면 굉장한 국가적 손실이에요. 그만큼 우리 사회는 분단체제로 인한 잘못된 군대문화 때문에, 많은 부분이 비정상적이고 병든 사회가 되어버렸어요.

생각해보세요. 전쟁이 끝나고 몇십 년이 지나도 전쟁터에 남겨진 군인의 유해를 찾아오고, 공동체를 지켜준 군인들에게 사회적 예우를 다한다면 어떨까요? 시민과 군인 모두 자신이 속한 공동체에 자긍심을 느낄 수밖에 없습니다. 그러면 군대문화도 바뀔 겁니다. 지금처럼 북에 대한 적대감만을 고취하는 대신 평화를 지키기 위한 군대를 이야기하는 거죠. 일상 깊숙이 스며든 군대 내 폭력문화에 작별을 고하는 겁니다. 자연히 우리 사회에 대한 자긍심과 자부심도 생길 거고요. 그렇게 되면 우리는 관용과 포용, 나눔과 배려 그리고 평화로 가득한 새로운 사회를 만들어나갈 수 있습니다.

그럴 때 평화가 오는 거군요? 저는 통일하면 우리가 손해보는 줄 알았는데요, 선생님 이야기를 듣다 보니 분단체제를 유지하는 게 더 손해란 생각이 들어요. 분단비용과 여러 가지 문화적인 측면에서요.

그렇죠. 제가 카이스트KAIST에서 학생들을 가르칠 때 이런 문제를 낸 적이 있습니다. 너희는 수학, 물리학 천재들이니까 남북통일을 수식으로 만들어보라고요. 그랬더니 1+1=2, 1+1=10, 1+1=무한대 등 다양한 답변이 나오더라고요.

실은 저 또한 오랫동안 저 자신에게 이 질문을 던져보았거든요. 그런데 제 생각에는 0.5+0.5=1인 것 같아요. 불완전체 0.5가 또 다른 불완전체 0.5를 만나 온전한 자연수 1이 되는 것이 남과 북의 통일공식이 아닐까 생각해요.

이게 무슨 뜻이냐 하면요. 분단 상황에서는 남과 북 그 누구도 온전한 자연수 1, 즉 완전체가 될 수 없다는 거예요. 분단은 땅만 가른 것이 아니라 사람도, 가족도, 공동체도 다 갈랐죠. 우리 사회의 모든 것을 가르고 비틀며 왜곡하는 뿌리와 토대로 작동했고, 여전히 작동하고 있어요.

요컨대 분단사회는 '총체적 비정상'이라는 사실을 강조하고 싶은 거예요. 그렇지만 두 불완전체가 만나 자연수 1이 되고 나면 1은 더 큰 1로 나아갈 거라고 생각해요. 제가 생각하는 통일은 그렇습니다. 좀 어렵지만 다음에 더 설명할 기회가 있을 테니 오늘은 여기까지 합시다.

북한이
평화를
원한다고요?

선생님 이야기를 듣고 나니 확실히 평화가 우리에게 좋은 거구나 싶긴 한데요. 우리가 하고 싶다고 평화가 이뤄지는 건 아니잖아요. 우리는 평화를 원하지만, 북한이 전쟁하고 싶어 하는 거 아닌가요?

우리는 평화를 원하지만, 북측이 전쟁을 하고 싶어 한다고요? 왜 그렇게 생각해요?

전 세계가 반대하는데 굳이 핵무기를 개발하고 있잖아요. 북한의 모든 주민은 군인이라는 얘기도 들었고요. 요즘에야 좀 괜찮아진 거지, 1년 전만 해도 북한은 언제든 싸울 준비를 하는 것처럼 보였어요.

여러분, 북이 우리와 전쟁을 하면 얻는 게 뭐가 있죠? 여러분도 익히 들어 알겠지만, 핵무기는 엄청난 위력을 가진 무기에요. 그 위력이 너무 커서 사용하면 모두 죽습니다. 자기만 살아남을 수 없는 거죠. 전쟁에 핵무기가 동원되면 인류는 멸망할 걸요. 제2차세계대전에서 핵무기가 사용된 후 아인슈타인은 핵무기의 위력과 인류적 참상을 경고하는 유명한 말을 남겼어요. "만약 인류가 3차 대전을 치르게 된다면 인류는 4차 대전에서 막대기와 돌을 가지고 싸우게 될 것이다." 즉 인류가 다시 핵무기를 사용하면 전 인류가 멸망한다는 거예요. 그런 상황이 될 텐데 북측이 핵전쟁을 일으킨다고요? 북측이 정말 전쟁과 전 세계가 멸망하기를 바랄까요? 아니에요. 믿기지 않겠지만 사실 북측이 원하는 건 간단해요. 그들도 우리처럼 진실로 평화를 원합니다.

북한이 평화를 원한다니 믿어지지 않아요!

네, 바로 실감이 안 나겠죠. 한 가지 이야기를 해줄게요. 저는 개성에 가서 공단을 설립하고 북측 사람들과 협의하며 공장이 잘 돌아갈 수 있게 하는 일을 했어요. 아마 여러분은 개성공단이 설립됐다는 뉴스보다 폐쇄됐다는 뉴스를 더 빠르게 접한 세대일 거예요. 이해를 돕기 위해 잠깐 개성공단 프로젝트를 소개하겠습니다.

개성공단은 남과 북이 평화를 제도화하기 위해 경제협

력 방식을 채택한 평화프로젝트이자 경제프로젝트입니다.
2000년 6·15 공동선언 이후 8월에 남북이 개성공단 건설에
합의했죠. 2004년 이후 우리 기업들이 입주하면서 본격적으
로 공단을 가동했지요.

개성공단은 단순한 공단이 아니라 남북 평화와 번영의
상징으로 시작한 의미 있는 프로젝트입니다. 남측의 자본과
기술이 북측의 토지와 노동력을 만나 평화와 번영, 통일을
함께 이루어가기 위해 만든 곳입니다. 그러니까 개성공단은
북측도 평화를 원한다는 명확한 증거죠.

함께 개성공단을 설립했기 때문에요? 그건 북도 우리에게
얻을 게 있어서 한 거지 평화를 위한 건 아닐 거 같은데요.

이명박·박근혜 정부 때 언론이 개성공단의 평화적 가치
를 왜곡하면서 그런 오해가 생겼죠. 여러분은 북이 오직 돈을
벌기 위해 개성공단을 했다는 거죠? 그런 관점이라면 북측은
개성공단 부지의 땅값이나 노동자들의 임금을 최대한 많이
요구했을 겁니다. 그런데 그들은 그러지 않았어요. 개성공단
을 돈벌이 수단으로만 삼지 않았거든요. 개성공단 부지를 제
공하면서 북측은 땅값을 얼마나 요구했을까요?

글쎄요. 잘 모르겠지만 많이 요구하지 않았을까요? 그들
에겐 돈이 필요했을 테니까요.

우리 생각은 그렇죠. 하지만 놀랍게도 북측은 개성공단 토지 무상제공을 제안합니다. 그들은 개성공단 부지를 제공할 때 이렇게 이야기했어요. "우리는 개성공업지구를 6·15 공동선언의 정신에 입각하여 북과 남의 평화의 제도화를 위해서 특혜적 조치로 내놓은 겁니다"라고요. 땅이 곧 돈이고 재산인 우리네 생각으론 상상도 못 할 말이죠.

물론 협의를 통해 우리가 북측에 땅값을 지급하기는 했습니다. 당시 북측이 받아 간 땅값은 1제곱미터당 1달러, 즉 1천 원이었어요. 당시 담당기관이었던 한국토지공사는 우리 기업 대상으로 공장부지를 평당 14만9천 원, 상업용지를 45만원~140만원에 분양했는데 북측은 1제곱미터당 1달러, 즉 1천 원이라는 거의 공짜 수준으로 토지를 내놓은 겁니다.

그 돈으로 구입할 수 있는 땅은 전 세계 어디에도 없을 겁니다. 게다가 서울에서 가깝고 양질의 노동력도 풍부한 곳은 더 찾기 힘들죠. 북측이 애초에 돈만 보고 시작했으면 그렇게 하지는 않았겠죠?

1제곱미터에 1천 원이요? 와, 정말 믿기 힘들만큼 싸네요!

그렇죠. 말씀드린 바와 같이 당시 남측은 입주기업들 대상으로 공장용지 기준 평당 14만 9천 원, 상업용지는 평당 약 90여만 원에 분양을 마친 상태였어요. 그런데 북측이 거의 무상에 가까운 토지임대료를 제안하니 놀랄 수밖에 없었죠.

막연히 북한이 개성공단을 통해 돈을 엄청 벌었을 거라 생각했는데, 아니었네요. 북한이 평화를 제도화하기 위해 개성공단을 내놓았다는 이야기 자체를 처음 들어요.

놀라운 사실을 하나 더 알려드릴게요. 당시 북측이 공단 용지로 제공한 곳은 북측의 서부전선 주력 군부대가 있던 군사지역이었어요. 6만 명 규모의 군 병력이 주둔해있었죠. 그런데 남측 기업의 물류 시간이나 철도·도로 건설 입지 등을 고려하여 이 부대들을 송악산 뒤쪽으로 약 10~15킬로미터 물리고 그 자리에 개성공단을 만든 겁니다. 바꾸어 생각해보세요. 우리라면 파주 지역 최전선부대를 물리고 남북 공동의 공단을 만들 수 있었을까요?

북측도 쉽지 않은 결정이었습니다. 군사분계선에 인접한 최전선부대를 전선에서 후퇴시킨다? 이 모든 건 북측이 개성공단을 돈줄이나 달러박스가 아닌, 평화의 제도화라는 목표를 가지고 시작했기 때문에 가능했던 일입니다. 당시 개성공단 부지 제공을 두고 북측에서도 군인들이 강하게 문제를 제기하고 불만도 표했죠. 최전선부대를 뒤로 물린다는 건 안보를 포기하는 거나 다름없는 일이니까요. 그때 김정일 국방위원장이 군인들을 설득했던 명분과 논리는 대략 이렇습니다.

여러분들의 걱정은 나도 충분히 이해합니다. 그런데

내가 한번 물어보겠습니다. 최전선에 지금보다 10배 많은 60만의 군 병력을 배치하면 평화를 정착시킬 수 있겠습니까? 군대를 늘린다고 항구적인 평화를 만들 수 있습니까? 군대는 안보를 넘어 평화를 정착시키지는 못합니다. 안보는 소극적 평화입니다. 평화는 적극적 안보입니다. 소극적 평화인 안보를 넘어 적극적 안보인 평화로 가야 합니다. 휴전선 부근에 개성공단이 들어서고, 공단에 남측기업 수천 개가 들어오면 남북 간 전쟁은 근원적으로 사라집니다. 안보 문제가 사라집니다. 즉 개성공단 그 자체가 이미 평화인 겁니다. 개성공단이 세계적인 수준의 공단으로 발전하고, 남측 기업이 북으로 더 많이 진출하는 때가 오면 이미 전쟁을 하고 싶어도 할 수 없는 평화체제가 되어 있을 겁니다.

어때요 여러분, 북측이 개성공단을 시작한 의도를 읽을 수 있겠어요? 아마도 김정일 국방위원장에 대한 우리의 기존 인식과 상식으로는 감히 상상할 수 없는 이야기일 겁니다. 적대적 분단체제가 개성공단과 북에 대해 참 많은 것을 무지하게 만들고 왜곡하기 때문이죠. 우리가 알고 있는 기존의 상식과 실체적 진실은 다를 수 있습니다. 분단은 적지 않게 상식과 진실을 다르게 만들었습니다.

중국과 대만은 하고
남과 북은 못 한 것

평소에 뉴스나 신문에서 접한 이야기와 다른 게 많아서
혼란스러워요. 선생님이 이야기하는 북한과 뉴스에서 말
하는 북한이 같은 곳인지 의심이 들 정도예요.

평소에 들어보지 못한 이야기가 쏟아지니 혼란스러울
만합니다. 생각할 시간이 필요할 테니 오늘은 질문 대신 좀
더 가벼운 얘기를 해볼게요. 우리가 통일이라고 하면 주로
떠올리는 나라가 독일입니다. 서독과 동독으로 나뉘어 각기
다른 체제의 분단국가였다는 점에서 우리와 유사하기 때문
이죠. 하지만 남과 북이 경제적·사회문화적으로 교류하고
협력하는 관계를 이해하기 위해서는 중국과 대만의 사례를
살펴보는 게 훨씬 쉽고 효과적이에요. 중국과 대만은 들어
봤지요?

네. 아이돌그룹 '트와이스'의 쯔위가 대만 사람이잖아요. 그런데 2016년에 쯔위가 공개적으로 사과하는 걸 봤어요. 한 프로그램에서 대만 국기를 흔들었다는 이유로 중국 네티즌들의 분개를 샀다고 들었는데요. 대체 중국과 대만의 관계가 어떻길래 쯔위가 사과를 했는지, 또 중국과 대만의 사례가 남북 관계와 어떤 연관이 있는지 궁금해요.

남과 북을 **남북관계**라고 하듯 중국과 대만의 관계는 **양안관계**라고 합니다. 중국과 대만의 관계는 남북관계와 유사해요. 비슷한 언어를 쓰지만 정치체제가 다르고 서로 전쟁을 한 경험이 있다는 점에서요. 그런데 양안관계는 거의 실질적인 평화를 이룩하고 있다는 점에서 우리와 좀 다릅니다.

중국과 대만은 원래 하나였어요. 국민당과 공산당의 내전 끝에 마오쩌둥을 중심으로 한 공산당이 중국 대륙에 '중화인민공화국'을, 소수당이던 국민당의 장제스가 대만섬으로 건너와 '중화민국'을 건국한 게 분단의 시작입니다.

냉전시대에 둘은 서로 대립하고 전쟁을 불사할 만큼 싸운 적도 있지만, 지금은 평화적인 관계를 유지하고 있어요. 상호 체제를 인정하고 독립적인 정치체제를 유지하면서요. 사회문화교류, 경제협력 등을 통해서 실제로는 거의 하나의 나라처럼 불편함 없이 오가고 평화롭게 지내는 것이 양안관계의 핵심입니다. 그것이 중국과 대만 모두에게 원원하는 일이기 때문이죠.

어떻게 가능했을까요? 중국과 대만이 서로 가까워지기 위해 들고나온 구호를 보면 알 수 있습니다. **구동존이**求同存異, 즉 다름이 존재하지만 같음을 추구한다는 뜻입니다. 다름과 차이를 인정하되 다름보다는 비슷한 점을 더 많이 부각하고 동질성을 추구하겠다는 의미죠. 물론 지금도 문제가 있긴 합니다. 중국과 대만 간에 정치적인 갈등이 완전히 사라지지는 않았거든요. 그래서 쯔위가 대만 국기를 흔들었다고 사과하는 사건이 벌어지기도 했죠. 하지만 경제적 측면에서 보면 중국과 대만은 이미 하나의 나라입니다.

반면 남과 북은 민족의 동질성을 강조하기보다 오히려 이질성을 심화시키는 분단교육을 해왔죠. 우리가 양안관계에서 많이 배워야 할 지점입니다.

경제적으로 하나의 나라라는 게 무슨 말이에요?

제가 숫자를 몇 가지 얘기해볼게요. 중국과 대만이 서로를 인정하기 시작한 후 대만 전체 해외투자액의 49퍼센트가 중국의 투자입니다. 일주일에 약 900여 편의 비행기가 대만과 중국을 오가고요. 1년에 약 천만 명 이상이 대만과 중국을 왕래합니다. 대만에 거주하는 중국인이 5만 명이고, 중국에 거주하는 대만인은 2만 명입니다. 대만 인구의 10분의 1인 200만 명이 중국 영주권을 받았고, 중국인과 대만인이 결혼한 수는 1만여 쌍 정도 돼요. 엄청나죠. 사실상 중국과 대만은 하나의 경제공동체이자 사회문화적 공동체가 된 겁니다.

굳이 통일하지 않고 경제협력을 하는 것만으로도 함께 살 수 있게 된 거네요. 남북관계가 양안관계처럼 되려면 어떻게 해야 하나요?

놀랍게도 우리는 이미 비슷한 경험을 했어요. 개성공단 프로젝트가 바로 양안관계의 축소 버전입니다. 보세요. 개성공단이 한창이던 2005년, 북측의 대외무역 총액 중 35퍼센트가 남측과의 교역액입니다. 물론 남북교역은 민족 내부간 거래로 인정하는 정부 방침에 따라, 대외무역 통계에 포함하고 있지는 않으나 규모를 따지자면 그 정도 된다는 말입니다. 게다가 남측의 사업가, 기술자, 물류기사 수천여 명이 개성을 드나들었죠.

사람이 이동하고 교류하는 곳엔 경제가 살아납니다. 개성공단도 마찬가지예요. 개성공단으로 남측이 누린 경제효과는 얼마나 될까요? 1대 30입니다. 쉽게 말해 우리가 개성공단에 1억 불을 투자하면 GDP 기준 약 30억 불 이상의 생산이 가능하다는 겁니다. 30배의 경제적 가치를 내는 거죠. 개성공단에서 돈을 못 벌면 기업이 아니라는 이야기가 있어요. 그만큼 개성공단의 기업경쟁력, 경제적 비교우위는 압도적입니다.

실제 사례를 들어 볼까요. 부산에 있던 아주 유사한 신발업체 A와 B가 각각 베트남과 개성공단에 투자했습니다. 기업 규모는 거의 비슷했지만 베트남에 간 A업체가 개성공단에 간 B업체보다 현지 투자금액이 두 배가 넘고, 고용인원도 두 배쯤 됐습니다. 그런데 A와 B의 기업성적표를 비교했을 때 어떤 결과가 나왔을까요? 개성공단에 투자한 기업이 베트남에 투자한 기업보다 5배가 넘는 이익을 얻었습니다.

어떻게 그런 경쟁력을 가질 수 있는 건가요?

남측의 자본과 기술, 북측의 노동력과 토지가 만났기 때문에 세계 최고의 경쟁력을 가질 수 있는 겁니다. 그 비결을 알려드리겠습니다.

첫째, 남과 북은 같은 언어와 문화를 공유합니다. 여러분이 다른 나라에 기업을 세웠다고 칩시다. 가장 먼저 뭘 해야겠습니까? 그 나라의 언어와 문화를 배워야 합니다. 말을 알아야 일을 가르칠 거 아닙니까. 그런데 북에는 우리와 똑같은 언어를 사용하며 기술 습득 속도가 빠르고 우수한 노동력이 있습니다. 더군다나 개성공단에서 일하는 북측 노동자들은 돈이라는 경제적 기회를 초월해 남북의 평화와 통일에 기여하기 위해 국가 임무를 수행한다고 생각하기 때문에 직장을 옮기는 일도 거의 없습니다. 덕분에 숙련도도 높아 세계 최고의 품질 경쟁력을 구현해냅니다.

둘째, 북측 노동자들의 엄청난 저임금입니다. 북측 노동자들의 한 달 실질 평균임금은 2004~2006년 6만3천 원, 2015년 기준 15만 원이었어요. 전 세계에서 가장 낮았습니다.

셋째, 물류와 유통에 드는 시간을 획기적으로 단축할 수 있습니다. 예를 들어 오전에 개성공단으로 자재를 싣고 들어간 물류차량이 오후에 완제품을 싣고 나옵니다. 외국에 투자해서 제조하는 것과는 비교할 수 없을 정도로 빠른 속도죠.

넷째, 북측이 남북평화의 제도화를 위해 특혜적 조치를 취했다고 앞에서 이야기했지요? 1제곱미터당 1천 원, 거의 무상에 가까운 토지임대료를 제안하지 않았습니까. 전 세계 어디를 가도 그 가격으로 살 수 있는 땅은 없습니다.

다섯째, 남북 간 거래에는 관세가 없습니다. 남과 북은 한 민족으로서 통일을 지향해가는 특수관계이지 두 개의 국가가 아니기 때문입니다. 여러분은 남북이 한 민족, 한 핏줄, 한 공동체라는 말의 의미가 잘 와닿지 않을 텐데요. 남북을 오갈 때 출입업무를 담당하는 곳에 가보면 **출입국사무소**라고 하지 않고 **출입경사무소**라고 합니다. 국가 간 경계를 넘어가는 출입국업무를 보는 것이 아니라 한 공동체, 한 민족의 테두리 안에서 경계를 넘어가기 때문에 출입경업무를 보는 거죠. 그래서 북측의 개성공단으로 남측의 원자재와 부자재가 들어갈 때도, 개성공단에서 완제품이 남측으로 나올 때도 관세를 적용하지 않습니다.

정말 누구도 따라올 수 없는 경쟁력이네요! 체제와 제도가 달라도 같은 언어와 문화, 그리고 공동체의식이 있다면 경제협력이 가능하군요. 사회문화적인 교류는 자연히 뒤따라오는 거고요. 통일은 평화의 제도화 과정이라는 말이 어떤 뜻인지 조금 감이 잡히는 듯해요.

그렇죠? 중국과 대만의 관계를 보면 그동안 남북이 대립해온 10여 년 세월이 참 억울하다는 생각이 들어요. 중국과 대만이 평화적 협력관계를 모색한 시기는 우리보다 7~8년 늦습니다. 우리가 2000년 6·15 공동선언으로 먼저 시작했지만, 중간에 삐걱대며 뒷걸음치다 갈팡질팡하는 사이 중국과 대만은 2007년에 시작한 평화협력 관계를 효과적으로 정착시켰어요. 이미 구동존이라는 구호 아래 윈윈하고 있는 거죠.

우리도 할 수 있습니다. 아니 해야 합니다. 남북교류와 경제협력이 활성화되면 우리는 중국보다 압도적인 경쟁력을 가질 수 있어요. 남북이 함께 번영할 기회죠. 우리는 이미 개성공단에서 14년간 충분히 경험해봤습니다.

전 세계가
한반도를
주목하는 이유

이쯤 되니 이런 생각이 들어요. 통일이 그토록 좋다면 애초에 왜 분단이 되었을까요?

아, 좋은 질문입니다. 한반도는 대체 왜 분단됐을까요?

한국전쟁 때문에요.

네, 그렇죠. 그렇게들 이야기합니다. 하지만 그렇게 간단한 문제일까요? 1945년 8월 15일, 우리는 일제 식민지에서 해방이 되죠. 제2차세계대전 중 미국이 히로시마와 나가사키에 핵폭탄을 떨어뜨리자 일제가 항복을 선언합니다. 그런데 나라 안팎에서 수십 년 동안 민족독립을 위해 투쟁해 온 독립운동가들을 중심으로, 우리 국민들이 스스로 정부를 수립하려는 상황에서 미국과 소련이 한반도를 분할 점령했습니다. 한반도에 주둔해있던 일본군을 무장해제하기 위해서였죠. 최초의 분단이었습니다.

그럼에도 그때는 모두가 자신이 살고 싶은 나라를 꿈꾸고 실현할 수 있는 시기였습니다. 우리 힘으로 자주적인 민족통일국가를 건설하는 작업에 돌입했어요. 지난 36년간 쌓여온 일본 제국주의의 잔재와 일제의 앞잡이 노릇을 한 친일파도 시급히 청산해야 했죠. 그러나 분할 점령된 한반도에서 외세의 영향력은 커져만 갔고, 우리 힘으로 독립국가를 세우기가 매우 힘든 상황이 됩니다. 당시 국제정치적 패권질서에서 자유로울 수 없었던 겁니다.

1945년 12월, 제2차세계대전 승전국인 미국, 영국, 소련이 모스크바에 모여 한반도 문제를 논의합니다. 소련은 식민지 상태에서 해방된 다른 나라들처럼, 한반도도 알아서 독립국가를 만들어갈 수 있도록 두자고 합니다. 하지만 미국은 신탁통치를 강하게 주장하죠. 결국 미-소 간의 힘 대결과 패권경쟁의 소용돌이 속에서 분단이 가시화되기 시작합니다.

잘 생각해보세요. 제2차세계대전에서 승리한 연합국은 독일을 동독과 서독으로 분단시켰습니다. 전범국가였던 독일에 전쟁의 책임을 물은 겁니다. 똑같은 논리라면 전범국가였던 일본을 분단시켜야 이치에 맞겠죠. 그런데 왜 일제의 식민지였던 한반도가 분단된 걸까요? 우리를 분단시킨 건

과연 누구일까요? 바로 미국과 소련으로 상징되는 외세입니다. 제2차세계대전 이후 자국 중심의 패권질서와 냉전체제를 만들고자 했던 거예요. 진짜 억울하지 않아요? 여러분, 이 땅의 분단이 외세에 의해 강제적으로 이뤄졌다는 걸 잊지 마세요. **외세에 의한 분단**, 한반도 분단의 기원이자 본질입니다.

애초에 한반도의 분단이 우리 의지가 아니었던 거네요.

네, 그렇습니다. 김구 선생을 비롯한 독립운동가들이 분단은 절대 안 된다고 온몸으로 저항했지만 결국, 패권국가였던 미국을 비롯한 외세와 청산의 대상이었던 일제 앞잡이들이 외세에 빌붙어 적극적으로 분단체제를 만듭니다. 독립운동한 분들이 주역이 되어 자주국가를 만들어야 했는데, 오히려 일제에 충성했던 친일파·반민족행위자들이 살아남기 위해 분단체제를 수립하여 정치·경제·군사·교육·문화 전반으로 다시 권력을 잡게 되었습니다. 이 과정에서 분단에 저항했던 수많은 독립운동가가 일제의 앞잡이들에게 테러를 당했고요. 남과 북의 통일을 외치는 사람들은 탄압됐습니다. 부정하고 싶은 참혹한 이야기죠.

분단정치사에서 동원됐던 거짓, 정치적 탄압과 테러는 이루 헤아릴 수 없을 정도로 많습니다. 일일이 소개하기도 힘들 정도예요. 그래서 저는 분단정치사를 거짓과 허구의 무덤이라고 말합니다. 분단이 낳은 폭력과 공포가 얼마나 무시무시했던지 우리 일상과 사회를 장악해버렸습니다. 우리 마음속에 깊은 공포와 두려움을 심었죠. 그 누구도 분단에 저항할 수 없도록 만들었어요. 감히 통일을 이야기할 수 없게 했고요. 외세의 힘으로 시작된 분단이 분단체제로 구조화되어 단단히 굳어버린 겁니다. 이제는 누구도 분단이 무엇인지 생각하지도 않고, 질문하지도 않게 되었죠.

그렇게 분단과 분단체제가 우리 국민들을 불행하게 하는 근원이자 구조적인 토대가 된 겁니다. 분단정치사를 전공한 학자들은 분단을 '일제식민의 현재진행형'이라고도 평가합니다. 김구 선생님은 **통일운동은 새로운 독립운동**이라고 말씀하셨고요. 여러분들은 아직 분단에 대해 거의 들어본 적이 없을 테지만요.

외세에 의해 분단되었기 때문에 우리 정부의 독자적 자율성도 온전하지 못합니다. 일부 사람들은 불완전한 독립국이라고 평가하기도 하죠. 외세의 영향력으로 우리 국가와 정부의 고유 권한이 여전히 침해받고 있기도 하고요. 군에 대한 전시작전권 문제나 주한미군지위협정SOFA, 한미동맹의 정치·군사적 측면에서는 불평등한 관계도 많이 있어요.

대표적인 사례가 정전협정입니다. 한국전쟁 중 작성된 정전협정에 누가 서명했는지 아세요? 북한, 미국, 중국이에요. 남측의 전시작전권을 미국이 가지고 있어서 우리는 협정 당사자로 참가할 수 없었습니다. 전쟁을 끝내기 위해서는 북한, 미국, 중국의 서명이 필요하다는 거죠. 우리 의지만으로 해결할 수 있는 문제가 아니라는 겁니다. 그러니 해방과 분단, 전쟁 그리고 한미·남북 관계는 정상성 회복의 차원에서 참으로 생각해볼 문제가 많습니다.

한국전쟁은 남과 북이 싸운 거라고 생각했는데 정전협정에 우리가 빠졌다는 게 충격적이에요.

그렇죠. 그래서 더더욱 평화와 통일이 필요한 겁니다. 북측과 미국이 우호적 관계로 돌아서고 한반도에 평화의 질서를 만들면, 우리가 다시 한반도의 주도권을 잡을 수 있어요. 남과 북이 한반도의 주인이 되어 평화로운 시대를 만들어나갈 수 있는 거예요. 우리 운명은 우리 스스로 결정한다는 민족자주의 원칙이 되살아나는 겁니다.

다행히 국제정세가 우호적입니다. 2018년 들어 남북정상회담과 북미정상회담이 가능했던 또 다른 배경이 바로 지금의 정세입니다. 트럼프 대통령이 당선되었다는 건 미국의 군사적 일방주의American Unilateralism가 일정 부분 퇴조하고 있다는 사실을 의미합니다. 사실 전 세계적인 현상이죠. 터키의 실패한 군사쿠데타가 그 예시입니다.

미국은 2016년에 터키에서 발생한 군사쿠데타를 방조, 지원했다는 의심을 받고 있습니다. 미국의 오랜 우방국이었던 터키는 대소련 미사일기지 역할을 해왔는데요, 터키가 러시아와의 관계를 정상화하겠다는 움직임을 보이자 미국이 이를 저지하기 위해 군사쿠데타를 방조·지원했다는 겁니다. 그러나 군사쿠데타를 터키 국민들이 무력화시킵니다. 이게 무슨 말이냐 하면, 많은 사람들이 이미 똑똑해졌고 대부분의 나라들이 자국 국익 중심의 외교를 하고 있다는 거예요. 미국의 일방주의가 퇴조할 수밖에 없는 시대적 흐름이죠.

미국의 군사적 일방주의가 뭔가요? 그게 트럼프 대통령과는 무슨 상관이죠?

미국의 군사적 일방주의는 미국이 국제정치 분야에서 다른 국가와의 협력을 고려하지 않고 그들의 이해관계에 따라 국제문제에 대해 일방적으로 조치하는 행보를 말합니다. 한반도에 38선을 긋고 미군정을 세운 일도 미국의 일방주의의 한 모습입니다.

조금 더 상세하게 풀어보겠습니다. 미국은 오랫동안 세계의 경찰 역할을 자처해왔어요. 남미를 비롯한 세계 여러 나라의 내정에 개입하고, 심한 경우에는 군사쿠데타를 통해 친미정부를 수립해서 기존 정부를 내쫓기도 했죠. 특히 1970-1980년대에 그 영향력은 어마어마했습니다.

그 후로 많은 변화가 있었습니다. 먼저 미국 내부에서 군사적 일방주의에 대해 성찰하고 비판하는 여론이 큽니다. 트럼프 대통령의 당선도 그 예죠. 미국의 군사적 일방주의에 대한 트럼프 대통령의 견해는 명확합니다. 미국 내 경제도 안 좋은데 국민세금을 써가면서 전 세계에 미군기지 천여 개를 유지하는 일이 비합리적이라고 판단하는 겁니다. 주한미군을 제외한 전 세계 모든 미군기지는 미국의 자체부담으로 유지하고 있거든요. 트럼프 대통령은 이것이 돈 낭비, 인력 낭비라는 겁니다. 그는 세계경찰로서의 미국의 역할을 줄이겠다는 생각을 명확히 하고 있어요.

　　좀 복잡하네요. 그럼 트럼프 대통령이 미국 역사상 최초로 북한 지도자와 정상회담을 하게 된 일과도 관련이 있는 건가요?

　　그렇죠. 물론 미국 내부에서도 다양한 의견이 있어요. 그렇기 때문에 미국의 군산복합체가 트럼프와 자꾸 충돌하는 것입니다. 미국의 군산복합체는 1945년 제2차세계대전 이후 세계경찰의 역할을 빌미로 세계 여러 나라에 미군기지를 두고, 물리적 힘으로 그 지역의 정치·경제에 개입하고 패권을 유지해왔습니다. 무기 판매시장을 안정적으로 확보했고요. 반면 트럼프 대통령은 미국의 군산복합체와 조금 다른 생각을 하고 있습니다. 그래서 공화당 출신의 역대 국방장관, 국무장관들조차도 지난 미국 대선에서 공화당 후보인 트럼프를 버리고 민주당 후보였던 힐러리를 공개 지지했던 겁니다.

미국의 전통적인 정치기반을 중심으로 본다면 트럼프는 비주류 정치가입니다. 여전히 냉전주의가 강고하기 때문입니다. 그런데 그를 당선시킨 건 경찰국가로서의 미국의 역할과 미국의 군사적 패권주의에 문제의식을 느끼고 있는 시민들이었습니다. 다른 나라 일에 신경 쓰지 말고 우리나 좀 잘하자는 거죠.

이런 흐름에서 보면 미국의 군사적 패권주의의 퇴조는 거부할 수 없는 경향성입니다. 20세기 제2차세계대전 이후에는 미국의 군사적 패권주의가 국제 냉전질서의 핵심적인 패러다임이었지만, 21세기에는 그 영향력이 상당히 줄어들었죠. 그에 따른 변화가 명확하게 존재합니다.

만약 우리가 분단을 넘어 평화를 만들어간다면 꽤 괜찮은 타이밍이겠네요. 그런데 한반도에서 주한미군이 철수해도 괜찮을까 걱정되긴 해요.

한 가지 정확히 짚어야 할 점은, 북측이 무조건적인 미군철수를 요구하는 게 아니라는 사실입니다. 설령 주한미군이 한반도에서 철수해도 여러분이 생각하는 군사적 충돌상황은 발생하지 않아요. 상상 속 걱정 대신 주한미군주둔의 실효성에 대해 따져 보는 건 어떨까요? 2019년 주한미군주둔을 위한 방위비 분담금은 1조389억 원으로 1년 전보다 약 8퍼센트 증가했습니다.

군사적 적대와 대립의 분단시대가 종언을 고하고 평화시대가 열리는 상황에서 군사적 긴장의 상징인 주한미군 방위비 분담금액을 오히려 확대하는 것이 적절한지에 대해 이제 곰곰이 생각해봐야 합니다. 주한미군이 철수할 경우, 분담금에 책정된 예산을 정말 필요한 곳에 쓸 수 있을 겁니다.

정말 중요한 건, 이미 한반도가 분단시대에 종언을 고하고 평화체제로 진입하는 역사적 전환기에 놓여있다는 사실입니다. 한반도 분단은 20세기 냉전질서의 마지막 유물입니다. 이 책을 읽는 여러분도 구시대의 질서에서 완전히 자유로울 수 없습니다. 직접적으로 전쟁을 경험하지는 않았지만, 분단체제에서 교육받고 성장하면서 여전히 적대와 대립, 반목과 질시, 증오와 혐오, 폭력과 전쟁의 문화를 체화하고 있기 때문입니다. 앞에서 살펴본 것처럼 말입니다.

하지만 저는 밀레니얼 세대들이 분명 새로운 답을 찾아낼 거라고 생각합니다. 여러분은 외국 여행은 물론 SNS와 다양한 문화콘텐츠를 통해 여러 인종과 국가의 문화를 익숙하게 접해온 세대들입니다. 케이팝과 한류를 경험하며 세계 곳곳에서 '강남스타일'을 추고, 전 세계 친구를 사귀어 본 여러분들이라면 낡은 기성 체제를 훨씬 실용적이고 효율적인 방식으로 탈출할 수 있을 겁니다. 다른 언어와 적대적 국경을 넘어 세계인에게 통하는 게 뭔지 알 테니까요.

21세기 질서는 적대가 아닌 화해, 전쟁이 아닌 평화를 중심으로 새롭게 구축되어야 합니다. 밀레니얼 세대는 세계의 평화질서 정착을 다양성에 대한 포용력을 바탕으로 누구보다 잘할 수 있는 세대입니다. 마침 지금의 국제 정세는 우리가 바라던 평화체제로 나아가고 있습니다. 우리는 생존권과 행복이라는 절대적가치를 위해 종전선언과 평화협정, 북미관계 정상화를 지속적으로 요구할 수 있어야 합니다.

3차 남북정상회담을 앞두고 문재인대통령이 이런 말을 남겼죠. "제가 얻고자 하는 것은 국제정세가 어떻게 되든 흔들리지 않는 그야말로 불가역적이고 항구적인 평화입니다."

정말 맞는 말입니다. 그래야 우리는 비로소 식민·전쟁·분단 그리고 분단체제의 심화로 얼룩진 지난 100년의 구시대와 이별하고, 핵과 전쟁이 사라진 한반도에서 평화롭게 살아갈 수 있습니 다. 어째서 평화가 온전함을 담보하는지, 분단을 넘어 평화 와 통일로 가는 공식이 왜 0.5 + 0.5 = 1인지 이제 이해가 좀 되나요?

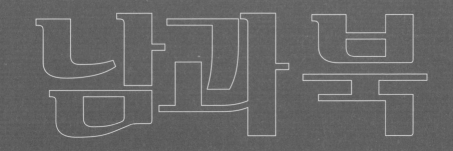

북한을
어떻게
믿어?

핵부터
내려놓고
말해

이제 통일이 왜 필요한지 어렴풋이 알 것 같아요. 하지만 작년까지만 해도 북측은 핵무기를 만들어서 쓰겠다고 공공연하게 협박해왔던 거 같은데 평화와 통일이라니, 멀게만 느껴지는 것도 사실이에요. 평화와 통일을 얘기하기 전에 북측이 먼저 핵을 없애야 하는 거 아닌가요?

먼저 짚고 넘어갈 건 북측은 약속한 선언과 합의에 근거하여 비핵화 절차를 실제로 진행하고 있다는 사실이에요. 2018년 4·27 판문점선언, 6·12 북미정상회담, 9·19 평양선언에서 한반도 비핵화 의지를 수차례에 걸쳐 분명히 확인하고 약속했죠. 선언과 합의에 따라 실제로 비핵화 절차도 진행하고 있고요. 그러나 북측이 비핵화를 하느냐 마느냐보다 중요한 건, 왜 핵무기를 가지려고 했는지 그 이유와 배경을 아는 거예요. 그래서 근본적으로 북측이 핵무기를 가지지 않아도 되는 상황을 만드는 게 더 중요하지 않을까요? 여러분에게 진지하게 한번 물어보고 싶어요. 북측은 왜 핵무기를 만든 걸까요?

전쟁이 나면 쓰려고요.

전쟁이 나면 쓴다? 그것보다는 전쟁을 사전에 방지하기 위해서 혹은 그들 자신의 안보를 위해서 만든 건 아닐까요? 현대의 핵무기는 더 이상 공격용으로 사용하기 힘들어졌어요. 핵무기 사용은 그 자체로 전 인류가 함께 멸망하기 때문이죠. 핵무기를 선제공격용으로 쓴다는 것은 옛날이야기가 되었고, 특히나 공격용 핵무기를 개발하는 건 핵확산금지조약에서 인정한 핵보유국들에만 해당하죠. 북측이 개발한 핵무기는 애초에 공격용이 될 수가 없어요. 실제로 2013년, 북측의 조선노동당은 전원회의에서 핵무기 사용은 함께 멸망하는 길이기 때문에 공격용으로 사용 불가하며, 미국의 군사적 핵 위협이 없으면 원천 무효가 된다고 공표했습니다.

공격용으로 사용 불가하다면 도대체 핵무기를 뭐하려고 만든 거죠?

북측을 향한 미국의 핵 선제공격을 억제하기 위해 만든

방어용이라고 그들은 주장합니다. 우리는 모르지만 북측은 실질적으로 미국의 군사적 핵 위협을 매우 심각하게 느끼고 있습니다. 지금부터 하는 이야기는 낯설텐데, 북측과 핵무기에 관련한 오해는 정확히 풀어야 하는 내용이니 잘 따라오세요.

1950년 한반도에서는 전쟁이 발발한 후 3년간 치열한 전투와 협상 끝에 북한·중국·미국이 **정전협정**을 체결합니다. 1953년의 일입니다. 정전협정의 궁극적인 목적은 전쟁을 종식하고, 나아가 한반도의 평화를 이루는 겁니다. 이듬해 스위스 제네바에서 한반도 문제의 평화적인 해결을 위한 회담이 개최됩니다. 남·북·미·중을 비롯한 당사국, 관련국들이 모였지만 결국 서로의 입장 차만 확인한 채 아무런 결론도 내리지 못하고 결렬됩니다. 그때부터 지금까지 북측과 미국은 정전협정에 근거하여 군사적인 적대관계를 유지하고 있어요. 한반도에서 군사적 적대관계가 유지되고 있는 것 또한 그 때문입니다. 미국은 정전협정 당사자로서 넓은 의미에서 북측과 여전히 전쟁 중인 나라인 겁니다.

여러분들은 잘 모르겠지만, 미국의 핵 군사전략에서 북한은 미국의 핵공격 대상 첫 번째 국가입니다. 미국의 '핵태세검토보고서'에 나오는 이야기예요. 오래된 이야기죠. 미국의 핵선제공격 대상 국가 1번은 지난 수십 년간 변함없이 북한이었어요. 미국은 세계에서 가장 많은 핵무기와 대륙간탄도미사일ICBM을 보유하고 있는 나라죠.

이 상황에서 북측은 수십 년 동안 미국에 일관되게 종전선언과 평화협정 체결을 요구해왔습니다. 북측의 외무성이나 조국평화통일위원회(남측의 통일부와 유사) 담화, 노동신문 논평 등 다양한 경로를 통해서요. 세상에 어떤 국가가 죽음과 파괴뿐인 전쟁상태를 유지하고 싶어 하겠어요. 게다가 상대는 세계 최강대국인 미국인데요. 그런데 미국은 북측이 요구하는 종전선언도, 평화협정도 체결해주지 않았습니다. 국제사회에서 북측의 고립은 점차 심해졌고요. 참으로 불편한 진실이죠.

그런 상황에서 북측은 대화와 협상으로는 미국과 평화협정을 체결하는 게 불가능하다고 판단하게 됩니다. 나아가 자신들을 향한 미국의 핵위협을 막기 위해 그들 스스로 핵무기가 필요하다고 판단합니다. 그래서 북은 스스로를 지키기 위해 핵을 보유하게 되었다고 주장합니다. 북측 입장은 명확합니다. 북에 대한 미국의 군사적 위협과 적대가 사라지면 자신들도 핵을 가질 이유가 없다는 거죠. 그래서 북이 비핵화를 하고 미국은 북의 체제 안전을 보장한다는 게 6·12 북미정상회담의 합의입니다. 북을 향한 미국의 핵위협과 북측의 핵무기를 함께 없애자는 내용이 9·19 평양선언의 합의이고요. 미국이 북을 적대하지 않고 군사적으로 공격하지 않는다는 약속인 거예요. 즉 평화를 제도화하겠다는 이야기입니다.

단순화시켜보면, 북핵문제의 본질은 북측과 미국 사

이의 적대관계입니다. 그렇다면 북핵문제의 근본적인 해법은 북이 핵을 가질 필요가 없도록 미국이 적대적인 대북정책을 내려놓으면 되는 거예요. 결국 **종전선언**과 **평화협정**을 체결하면 모든 게 해결됩니다.

이른바 '비핵화를 전제조건으로 하는 종전선언과 평화협정 체결'이라는 말은 맞지 않습니다. 미국이 전쟁 중인 상대방에게 평화를 보장해주지 않으면서 무기를 버리고 나오라는 식인 거죠. 종전선언과 평화협정 체결에는 나서지 않으면서 북측에게만 핵을 포기하라는 거예요. 그러니 북이 응하지 않는 겁니다. 요약해보면, 비핵화도 종전선언도 평화협정도 결국 평화를 위해서 하는 거예요. 이 모든 게 상호충돌하지 않습니다. 그렇다면 종전선언, 평화협정, 비핵화 모두 함께하면 되는 겁니다. 함께 상호 일괄타결하는 거죠.

현재 북측은 비핵화조치를 비롯하여 북미정상회담에서 약속한 합의들을 차근차근 진행하고 있는데 미국이 종전선언과 대북제재 완화 등 그에 상응하는 조치를 취하지 않으면서 시간이 흐르고 있는 상황이에요. 행동 대 행동, 북측과 미국이 상호 약속한 합의를 동시에 실천하는 것이 필요한 겁니다.

미국이 북한과 평화협정을 체결하지 않는 이유가 있는 건가요?

단순하게 설명하자면, 미국 군산복합체의 이해관계 때문이에요. 미국의 군산복합체는 한반도 분단과 군사적 긴장 상태 유지가 그들의 이익에 도움이 되기 때문이죠. 어떤 점에서 그런지 살펴봅시다.

첫 번째, 항구적이고 안정적인 무기 수출을 할 수 있죠. 한반도 분단체제를 유지하면서 북을 적으로 규정하고, 일상적인 도발국가로 지목하면, 한국이나 일본·대만 등 관련국 전체를 대상으로 수십조 원의 군사무기들을 안정적으로 팔 수 있거든요. 미국의 군수산업 규모는 세계시장을 압도합니다. 최첨단 군사무기를 개발하고 파는 일은 미국 경제에서 아주 중요한 핵심축입니다.

두 번째, 한반도에 평화체제가 정착하면 남측에 주둔한 주한미군을 철수해야 할 수도 있습니다. 주한미군은 왜 남측에 주둔해있었던 걸까요? 전쟁 당사국인 북을 견제하기 위해서였어요. 만약 종전이 선언되고, 평화협정이 체결되면 주한미군은 북을 적으로 삼을 이유가 없어지죠. 지금처럼 큰 규모의 군대를 주둔시킬 명분도 사라지고요. 그래서 미국은 북측의 평화협정 체결 요구에 응하지 않아왔습니다. 그런데 북측은 평화협정 이후에도 미군이 한반도에 주둔할 수 있다고 말해왔어요. 주한미군의 역할과 성격이 바뀌면 된다는 건데요. 즉 주한미군의 주둔 목적이 북을 적으로 간주하지 않고 동북아 평화유지군이 된다면 미군철수를 주장하지 않겠다는 거예요.

2018년 북측의 비핵화선언과 북미정상회담이 급진전될 수 있었던 건, 아이러니하게도 미국이 더는 무시하지 못할 핵무기와 미사일을 북측이 갖게 되었기 때문입니다. 북측의 공격으로 미국 본토에 핵무기가 떨어질 수도 있게 된 겁니다. 이제는 미국 정부로서도 북미문제를 실질적으로 해결해야 하는 상황이 된 거죠. 이런 상황을 국제정치학에서는 '공포의 균형'이라고 말합니다. 북은 핵무기를 수단으로 삼아 미국과 협상 테이블을 열고, 종전선언과 평화협정 그리고 북미관계정상화를 요구하고 있어요.

아이러니하지만 북은 결국 핵무기 개발을 통해 평화로 나아가는 길을 연 거네요. 이제 왜 그토록 북이 핵을 가지려고 했던 건지 알겠어요.

북측은 미국과의 관계정상화를 통해 국제사회에 안착하기를 원합니다. 같은 사회주의국가였던 중국과 베트남이 국제사회에 데뷔해 경제가 번영하는 것을 보았거든요. UN과 미국의 제재로 오랜 시간 국제사회에서 고립되어 온 북으로선 간절할 수밖에 없죠. 그렇기에 북에서는 미국과 관계정상화하는 일이 국가생존과 번영의 문제입니다.

북미정상회담의 합의문에서 북측이 요구하는 사항을 읽어보세요. 한반도 평화협정, 북미관계 정상화, 경제제재 해제 등 모두 자국의 안보와 번영을 위한 일들입니다. 선뜻 비핵화선언 조항도 제시하고요.

지난 9월 19일 평양선언이 있던 날, 능라도 5·1경기장에서 문재인 대통령께서 대한민국 대통령 최초로 15만 평양 시민 앞에서 연설을 했죠.

나는 (…) 김정은 위원장과 북녘 동포들이 (…) 얼마
나 민족의 화해와 평화를 갈망하고 있는지 절실하게
확인했습니다.

우리 대통령께서도 북측이 진실로 평화를 원한다는 사실을 공개적으로 전 세계에 천명한 거예요. 북측이 정말로 원하는 게 뭔지 알고 보면, 사실 북핵문제에 대한 해결책도 간단한 거죠. 북핵이 아이러니하게도 평화를 지향하고 있다? 엄청난 역설인 겁니다. 이제 북측과 핵무기의 상관관계가 좀 이해됐나요?

스물여덟 김정은,
어떻게
최고지도자가 됐을까?

북한 하면 핵 다음으로 떠오르는 게 '3대 세습'이에요. 저희 아빠도 텔레비전에서 북한 관련 뉴스를 보면 '김씨 왕조'라며 혀를 쯧쯧 차고요. 저는 2018년 4월 판문점에서 열린 남북정상회담에서 김정은 국무위원장을 처음 봤는데요. 가장 젊더라고요. 3대째 권력을 세습하고 있는 독재국가의 지도자치고 생각보다 농담을 잘하긴 했지만, 아닌 건 아닌 거죠. 아버지 잘 만나면 최고지도자가 될 수 있는 국가를 우리가 믿어도 되는 건가요?

흔히 우리가 북측에 대해 생각하는 이미지죠. 김씨 왕조라든가 3대 세습에 대한 문제 말입니다. 북측의 3대 세습은 잘 들여다볼 필요가 있어요. 우리가 상상하는 3대 세습은 어떤 모습일까요? 그 옛날 왕위 세습처럼 아버지가 지목하고 아들이 승계하는 그런 모습일까요? 아닙니다. 북측에서도 내부적으로 조선노동당 당원들과 인민들이 토론과 선거 절차를 거쳐서 최고지도자를 선출합니다. 일단 제도와 절차, 시스템으로는 그렇습니다.

토론을 하고 선거를 한다고요? 정말로요?

그럼요. 거기도 엄연히 정치질서를 규정하는 법 제도가 있죠. 어떤 국가도 주먹구구식으로 운영되지는 않아요. 정치체제와 경제제도는 물론 입법·사법·행정 시스템이 있어요. 최고인민회의 대의원을 비롯한 선출직 정치인들도 뽑고 삼권분립도 되어 있어요. 다만 그런 체제와 제도, 시스템이 작동하는 방식, 정치의 목적이나 가치 등이 우리와 좀 다를 뿐 절차적으로는 분명한 시스템을 갖추고 있습니다. 우리가 법률에 의한 절차에 따라 대통령과 국회의원을 선출하듯이요. 북측의 국무위원장도 마찬가집니다. 공직자이기 때문에 선출하기 전에 엄격히 검증하고, 조선노동당 내에서 치열하게 토론도 합니다.

선거는 기본적으로 우리의 뜻을 대표해 줄 사람을 뽑는 과정이죠? 북측의 김정은 국무위원장도 공식적인 절차를 거쳐 인민들의 대표 자격을 위임받았습니다. 물론 선거방식에는 차이가 있어요. 남측은 1인 1표를 가진 직접선거이지만 북측은 간접선거 시스템이지요. 인민들이 1차 대표자, 즉 최고

인민회의 대의원을 뽑습니다. 우리로 치면 국회의원 같은 사람이에요. 최고지도자는 인민이 선출한 대의원들이 모여 선출합니다. 북측의 최고인민회의 대의원이 회의장에 모여 김정은 국무위원장을 선출한 거죠.

인민의 대표인 최고인민회의 대의원은 어떻게 뽑을까요? 우리가 국회의원을 뽑는 것과 똑같이 인민이 선출합니다. 그러나 남측의 직선제와는 방법이 다른데요, 예를 들어 개성시 대의원을 뽑는다고 가정해봅시다. 그러면 개성시에 있는 농업근로자동맹, 직업동맹, 여성동맹 등 인민들이 속해 있는 사회 조직에서 후보들을 조선노동당에 추천합니다. 당원들은 대의원 후보 한 명을 정하기 위해 치열한 토론을 벌입니다. 만장일치로 뽑아야 하므로 대의원의 자질, 역할, 기준을 하나하나 검토합니다. 그 회의에서 대의원 후보가 선정되면 조선노동당 당원들이 선거구 지역을 돌면서 집집마다 왜 이 후보가 대의원이 되어야 하는지 설명하고 설득합니다.

조선민주주의인민공화국의 헌법을 보면, 17세 이상의 모든 인민은 성별·민족·직업·거주 기간·재산·지식 수준·종교와 관계없이 투표할 권리가 있습니다. 군복무 기간에도 동일한 권리를 가지고요. 비밀투표도 보장받습니다. 우리의 선거제도처럼 북도 보통선거, 비밀선거, 평등선거의 원칙을 지키고 있는 겁니다. 다른 점이라면, 북에서는 특별한 이유 없이 투표하지 않으면 안 됩니다. 인민은 반드시 투표할 권리와 의무를 동시에 가집니다. 이렇게 투표를 진행하면 99

퍼센트, 100퍼센트 찬성률로 대의원이 뽑힙니다. 사전 설명과 설득 과정을 거치기 때문이죠.

우리와는 매우 달라서 낯설 텐데요, 학급 회장 선거를 상상해보면 어떨까요. 반 친구 중 후보를 뽑아 그 후보들이 각자 연설을 하고 투표로 뽑는 게 우리 방식이라면, 북측은 후보들을 놓고 한 명 한 명 학급 운영에 필요한 자질을 갖추었는지 토론하고 검증해서 최종 한 사람을 뽑는 겁니다.

하지만 사전에 설득하는 건 민주주의의 비밀보장 원칙에 어긋나는 거 아닌가요?

민주주의 원칙에 대해서 남과 북은 다른 기준을 둡니다. 우리는 다수결의 원리를 민주주의의 기본 원칙이라고 생각하지만, 북측은 전체 성원들의 합의된 의지가 모인 것이 민주주의라고 생각합니다. 정당한 이유 없이 투표하지 않으면 자신이 속한 사회에 대한 기본 책무를 다하지 않는 거라고 여겨요. 그래서 투표율이 99퍼센트에 육박하죠. 한편 만장일치를 위한 설득 과정을 거치다 보니 공직을 맡은 사람이 무거운 책임감을 느끼게 됩니다. 선출되기까지도 굉장히 오래 걸리고요.

언젠가 북측 관료가 이렇게 물어온 적이 있습니다. "남측에서는 투표율 50퍼센트를 간신히 넘겨서 그중 50퍼센트의 지지로 서울시장이 된다고 하면, 전체 시민 중에서는 약

25퍼센트의 지지만으로 선출된 건데, 그런 걸 진짜 민주주의 제도라고 할 수 있는 겁니까?"

남측은 국민 열 명 중 두세 명의 지지만으로도 지도자를 선출할 수 있는 구조니까 일면 타당한 이야기였습니다. 또 우리는 마지막에 투표함을 열어봐야 최종 선거결과를 알 수 있죠. 한마디로 '까봐야' 아는 거죠. 그런데 북측에서는 내일 당장 누가 정치지도자가 될지 모르는 상황을 매우 불안정하다고 인식합니다.

흠, 그래서 북한의 정식 국명이 '조선민주주의인민공화국'이군요. 그 나름대로 정당한 민주주의 시스템이 있으니까요. 그래도 저는 어쩐지 3대 세습이란 느낌을 지우긴 힘들어요.

북측 사람들은 세습이란 말보다는 '계승'이라는 말을 사용해요. "김정은 동지가 반제자주사회주의혁명의 위업을 계승했다"는 표현을 씁니다. 여기서 '반제'란 반제국주의의 줄임말인데요, 그들은 "역사적 사명을 안고 선대의 유훈을 지키기 위해 차기 지도자로 김정은 위원장을 선택했다"고 이야기합니다. 어떤 의미인지 확 와닿지 않죠? 북측의 지도층이 대체로 어떤 사람들인지 알면 좀 더 이해가 될 거예요.

조선민주주의인민공화국을 세운 김일성 주석, 그러니까 김정은 국무위원장의 할아버지인 김일성 주석은 일제강점기 때 독립운동을 한 사람이에요. 북측의 지도층에는 이처럼 일제에 저항한 독립운동가 집안 출신이 많습니다. 북측의 인민들은 나라를 잃고 어려웠던 시절에 목숨을 바쳐 싸우고, 새로운 국가를 건설하는데 헌신한 이들에게 지도자로서의 권위와 정통성이 있다고 보는 거죠. 이것이 그들이 말하는 '반제자주'의 가치입니다. 말하자면, 제국주의를 물리치고 자주국가를 건설하자는 구호인 셈이죠.

북측 인민들은 김일성 주석과 김정일 국방위원장을 이어 반제자주의 가치를 계승할 지도자를 찾았고, 김정은 국무위원장이 가장 적격이라고 판단한 겁니다. "여러분, 지도자는 시대정신이다"라는 말 들어봤나요? 서민대통령·경제대통령·국민의 정부·참여정부 같은 말은 시대에 따라 중요시되는 가치가 달라지고, 국민은 그에 걸맞는 국가 지도자를 선출한다는 사실을 보여주잖아요.

다시 말하면 북측은 반제자주사회주의혁명이라는 그들 나름의 시대정신을 건국 이래 꾸준히 유지해온 거예요. 그러한 가치가 변한 적이 없으므로, 3대 계승이 가능한 거고요. 흔히 '백두혈통'을 김일성 주석의 직계가족을 부르는 말로 아는데, 잘못 알고 있는 겁니다. 김일성 주석 직계가족은 '만경대혈통'이라고 해요. 백두혈통이라는 말은 항일무장투쟁을 한 독립운동가 그룹 전체를 지칭하는 단어에요. 북측에서는 여전히 지도자가 가져야 할 최고 가치로 항일 독립운동가로서의 정통성을 이야기합니다.

지금까지 북측이 어떤 이유와 방식으로 김정은 국무위
원장을 최고지도자로 선택했는지 이야기를 나눠보았어요.
우리는 북측의 3대 세습을 어떻게 받아들여야 할까요? 그
부분에 대해서는 다른 분야의 유사한 문제와 비교해보면
어떨까 합니다.

　　여러분, 국내 대기업들이 3세, 4세 세습 경영을 하는 문
제를 어떻게 생각하세요? 어떤 사람은 회사를 소유한 사람
이 후계자를 선택하는 거라 당연하다고 생각할 수 있고, 또
어떤 사람은 회사는 임원진 외에도 직원들이 함께 만들었기
때문에 한 가문이 독점하는 것은 불합리하다고 주장할 수
도 있겠죠.

　　그럼 국가는 어떨까요? 물론 한 개인이나 가문이 국가
권력을 독점하는 일은 있어서는 안 되지요. 하지만 일본, 영
국, 스웨덴이 왕실을 존속해서 혈통에 따른 권력승계를 인
정하는 것은 어떻게 생각하나요? 대부분 각 국가의 전통과
역사 속에서 국민들의 합의를 거친 후 결정된 일이라고 생각
합니다. 북측이라고 다르지 않겠죠. 그러니 이 문제는 열린
결말로 가보는 건 어떨까요? 북측의 3대 세습을 바라보는
다양한 시각이 있으니 함께 토론해보면 좋겠습니다.

조선노동당은
1984의
빅브라더?!

선생님 말씀을 듣고 보니 북한도 우리와 조금 다를 뿐 하나의 나라라는 생각이 드네요. 하지만 여전히 궁금증은 남아있어요. 전해 듣기로 북한은 일당독재제로 조선노동당이 인민들의 일거수일투족을 감시하고, 남한 사람을 만났을 때 해야 할 말도 정해준다던데요. 사실인가요?

북측에도 몇몇 소수당이 존재하긴 하지만 엄밀히 말하면 조선노동당이 압도적인 우위를 차지하는 일당독재제라는 것은 사실입니다. 우리처럼 국민투표에 의해 집권당이 교체되는 경우도 거의 없고요.

조선노동당이 북측 사회 전체를 떠받치는 가장 강력한 토대이자 힘인 건 맞습니다. 그래서 북측을 조선노동당의 나라라고 해요. 그만큼 조선노동당은 매우 체계화 되어 있죠. 우리가 한번도 겪어본 적 없는 정치 시스템이자 국가구조이기 때문에 오해와 편견이 가장 많은 부분이기도 합니다. 북이라는 사회를 알려면 조선노동당을 꼭 이해해야 해요. 함께 찬찬히 살펴봅시다.

우리가 하는 가장 큰 오해는 조선노동당을 '감시자'라고 생각하는 겁니다. 마치 조지 오웰의 소설 『1984』속 세계처럼요. 소설 속에서 주인공은 '빅브라더Big Brother'로 불리는 국가권력이 지정하는 것만 보고 듣고 행할 수 있습니다. 빅브라더의 감시가 삼엄하기 때문에 집에서 일기 한 줄을 쓰려 해도 감시의 눈이 닿지 않는 사각지대에서 몰래 써야 하는 세계죠. 여러분이 생각하는 북측 사회가 이런 모습 아닌가요? 누군가 다른 말을 하거나 다른 생각을 하면 조선노동당 차원에서 제지하거나 벌을 준다고 생각하지요.

하지만 제가 보기에 조선노동당은 인민을 규정하거나 벌하는 법과 제도가 아닙니다. 조선조동당의 주된 역할은 공동체 구성원을 일상적으로 교화하고, 조직하고, 설득하는 겁니다. 오히려 북측의 법제는 굉장히 느슨합니다. 이를테면 우리 같은 경우에는 다른 나라로 불법 밀항하면 법적으로 처벌하잖아요. 바로 교도소에 보내서 형을 살게 하죠. 북측에서는 법체계가 그렇게 엄격하지 않습니다. 스스로 반성만 하면 용서하는 편입니다. 무조건 법으로 처벌하지는 않아요.

그 대신 법의 심판대에 세우기 전까지 모든 주민들이 누구나 속해있는 자기 조직과 당 차원에서 사전 교화 단계를 거칩니다. 개인이 속한 조직 내에서 자아비판을 시키기도 하고요. 상호비판, 동지적 비판을 하는 등 공동체 안에서 한 사람을 교화하기 위한 여러 단계가 있어요. 그러다가 공동체 내에서 감당할 수 없다고 판단했을 때 마지막 수단으로 법 앞에 세웁니다. 그게 우리가 아는 노동교화형 같은 거죠.

잘 이해가 안 돼요. 자아비판이나 상호비판 등의 과정이 처벌과 다른 건가요?

그렇죠. <이빨 두 개>라는 다큐멘터리 영화를 보면 남북의 문화 차이가 잘 표현돼있어요. 남측으로 내려온 북측 아이가 남측 아이와 싸우다 남측 아이의 이가 부러진 이야기인데요. 만약 그런 상황이 벌어지면 우리는 합의해서 물어주거나 경찰서에 고소하거나 그러잖아요. 그런데 북측에선 미안하다, 진심으로 미안하다, 이러면 끝나는 거예요. 설령 뉘우치지 않는다고 한들 바로 경찰서로 넘기는 게 아니라 학교나 회사 등 공동체 안에서 자아비판과 상호비판 과정을 통해 잘못을 뉘우치도록 하는 거죠. 그래서 국내에 들어온 탈북자들은 남측에선 모든 문제를 법으로만 처리하려고 해서 무섭고 불안하다고 해요.

법으로 처리하는 게 왜 무섭다는 거예요?

단순히 실수했는데 경찰서에 갈 수 있고, 심각하게는 구속까지 될 수 있다는 거요. 이걸 굉장히 두려워해요. 북측 사람들 입장에선 몰라서 실수할 수 있으니 그럴 때 진심으로 뉘우치면 공동체가 용서해줘야 한다는 거죠. 하지만 알다시피 우리는 개인이 우선이잖아요. 실수일지언정 사적 피해가 발생하면 개인이 책임져야 한다고 생각하죠.

남북이 서로 개인과 공동체에 대한 인식이 다르다는 점을 이해해야 해요. 우리는 개인이 먼저 있고 개인이 모여 공동체가 있다고 생각하죠. 북측에서는 공동체 속에 개인이 있다고 믿기 때문에 모든 걸 공동체 중심으로 생각해요. 실제로 모든 주민은 소년단·청년동맹·농근맹(농업근로자동맹)·여맹(여성동맹)·직맹(직업동맹)·조선노동당 등 직업과 성별과 나이에 따라 다양한 조직에 속해있어요. 모든 인민의 첫 조직이라 할 수 있는 소년단이 소학교 2학년 때부터 시작되니, 말 그대로 주민의 삶은 조직과 공동체 생활 안에 완전히 녹아있다고 해도 과언이 아니죠.

또 우리가 자주 하는 오해 중 하나가 동원체제입니다. 예를 들어 남측 언론에서는 지난 9월 19일 평양 능라도 5·1 경기장에서 문재인 대통령께서 연설할 때 나온 15만 명의 평양 시민을 보며 "북에서 선별해 동원했다"고 쉽게 이야기하는데요. 물론 김정은 국무위원장이 직접 등장하는 국가 1호 행사가 있으면 당과 조직 차원에서 지시를 내리죠. 방금 한 말처럼 북측 주민들은 소학교 2학년 때부터 각자 속한 조직이 있으니까요.

하지만 강제동원이라는 말은 끌려 나온다는 뜻이잖아요. 안 나오면 벌을 받고요. 북측에서는 그런 강제동원은 하지 않습니다. 문재인 대통령께서 평양을 방문했을 때 평양 시민들이 도로를 가득 메우고 환영 인사를 했죠. 그들도 강제로 동원된 게 아니라 주로 조직별로 자발적으로 참가했다고 보는 게 타당해요. 앞서 이야기했듯 그들의 삶은 조직과 공동체 안에서 꾸려지기 때문에 우리 공동체의 일이라면 마땅히 나가봐야 한다고 생각하는 겁니다. 또 남북의 지도자를 직접 볼 기회는 그들에게도 흔치 않으니까요. 이 미묘한 차이를 개인주의 사회에서 살고 있는 우리가 이해하기는 힘들지만, 집단주의 국가의 특성이라고 보면 될 겁니다.

듣고 보니 저도 누가 시키지 않아도 궁금해서 가볼 거 같아요. 평창올림픽이 열렸을 때 삼지연 관현악단이 특별 공연을 했잖아요. 그때 저도 진짜 가보고 싶었거든요. 그런데 제가 상상했던 자아비판이나 상호비판은 무섭고 호되게 혼나는 느낌이었는데 실제 처벌로 이어지기 전까지는 기회를 주는 일일 수도 있군요. 그럼 조선노동당은 대체 뭘 하는 곳인가요?

조선노동당은 하나의 당입니다. 하지만 우리가 보편적으로 인식하는 당과는 역할과 성격이 달라요. 북에서는 당이 국가에 우선합니다. 국가를 만들기 전에 조선노동당을 먼저 조직하고 당이 조선민주주의인민공화국을 만든 거죠. 그만큼 조선노동당은 인민들의 삶 구석구석에 영향력을 끼칩니다. 앞에서 조선노동당이 고도로 시스템화 되어있다고 잠깐 이야기했었죠?

조선노동당의 주된 역할은 공동체의 구성원을 교화하고 조직하며 설득하는 거라고 했죠. 그걸 누가 하느냐 하면 조선노동당 당원들이 합니다. 가정에서부터 학교, 직장, 동네 안에서 인민들에게 발생하는 여러 문제를 조율하고 해결하는 거죠. 우리 입장에서는 사적인 일까지 당원들이 해결하고 담당해요.

예를 들어 한 기업소에서 500명이 일한다고 하면 그중 20퍼센트는 당원입니다. 당원들은 전체 직원들이 직장생활에 적응하는 데 문제가 없는지 살피고 애로사항이 있다면 문제를 해결하지요. 당에서 내려오는 지침을 공지하고 인민들에게 특이사항이 생기면 문제해결을 위해 당원들끼리 회의를 하거나 보고서를 쓰기도 합니다. 인민과 당 사이의 신뢰를 견고하게 하면서, 인민과 당 모두를 살피는 아주 바쁜 사람들이지요.

당원이 우리나라의 공무원처럼 공직을 수행하는 사람들인 건가요?

공무원과 비슷하면서 다른데요. 우리나라 공무원은 시민의 삶을 지원하는 일을 직업으로 삼는 사람들이죠? 조선노동당 당원들은 직업이 따로 있습니다. 협동농장의 트랙터를 몰든 어느 회사의 문지기를 하든, 국가로부터 부여받은 일을 하면서 당원 역할도 수행합니다. 아주 바쁠 수밖에 없어요. 퇴근 후에도 당 생활이 있으니 귀가 시간도 늦고요.

직업이 있는 사람들이 인민들까지 일대일로 살피려면 당원이 정말 많아야겠네요. 당원은 총 몇 명이고 주로 어떤 사람이 당원으로 일하나요?

조선노동당 당원의 규모는 전체 2,500만 인민 중 약 450만 명 정도 됩니다. 15억 인구의 중국 사회에서 공산당 당원이 9천만 명 정도인 걸 고려하면 인구 대비 당원 비율이 아주 높죠. 조선노동당의 기본 조직은 '세포위원회'라고 부르고 15명 내외의 당원으로 구성 되어있어요. 세포위원회 세 개가 모이면 하나의 '부문당위원회'가 되고, 부문당위원회 세 개가 모이면 하나의 '초급당위원회'가 됩니다. 이런 조직 체계 수천 개가 전국적으로 시스템화 되어있는 것이 조선노동당이에요. 그만큼 북측에서는 조선노동당의 역할이 일상 구석구석에 스며들어 있습니다.

조선노동당 당원들의 역할과 노고는 엄청나지만 대부분 무급입니다. 오히려 당비를 내야 하죠. 이렇게 시간과 돈과 열정을 들여가며 당원을 하는 이유는, 당원을 향한 사회적 존경과 예우 때문입니다. 당원들은 최고의 자긍심을 지니고 있어요. 당원이 된다는 건 사회적으로 굉장한 신임을 받고 있다는 보증수표와도 같은 거죠.

특히 대의원 선거에 나가고 싶거나 국가 행정체계에 편입되고 싶다면 반드시 당원이 되어야 하죠. 누구나 노동당 당원이 되고 싶어 하지만 아무나 될 수는 없습니다. 자기가 속한 조직의 추천을 받은 이들만 당원이 될 수 있거든요. 보편적으로 공동체에 지속적으로 헌신·봉사하는 사람들이라고 보면 돼요.

저는 사실 북측을 생각하면 세뇌당하거나 핍박당하는 사람들만 떠올랐거든요. '왜 저 사람들은 안 들고일어나지?' 싶기도 했고요. 선생님 이야기를 듣고 보니 조선노동당과 당원들을 중심으로 한 시스템이 있어서 북측 사회도 지속될 수 있겠다는 생각이 들어요.

정확히 봤어요. 북은 90년대 중반 대규모 식량난과 에너지난으로 인해 '고난의 행군'이라고 불리는 시절을 겪었어요. 식량 공급이 안 되면서 국가계획경제 배급시스템이 완전히 무너졌죠. 약 38만 명이 굶어서 죽었다고 추정해요. 그때 가장 많이 죽은 사람이 조선노동당 당원들이었다고 합니다. 우리가 북을 너무 모른다는 반증인데 그들의 이야기를 그대로 전하면, 당원들이 가장 헌신적으로 그 어려운 시기를 극복하는 데 최선을 다했기 때문이래요. 우리 사회에서는 조선노동당 당원을 쉽게 특권층으로 치부하고 비난했는데, 참 간단치 않은 이야기죠. 그래서 북측 사람들은 조선민주주의인민공화국을 두 번 세웠다고 말합니다. 첫 번째는 항일무장투쟁을 했던 독립운동가 1세대인 백두혈통이 국가를 건설했고, 두 번째는 90년대 고난의 행군 시절 38만 명이 굶어 죽은 와중에 당원들이 보여준 책임감과 헌신으로 공동체를 살렸다는 거죠. 조선노동당은 이렇게 북측 전체 인민들의 삶과 떼려야 뗄 수 없는 존재입니다.

하지만 조선노동당에 대한 이런 이야기가 여전히 익숙하지 않죠? 당연합니다. 북측을 이해하기란 쉽지 않아요. 오랜 시간이 걸립니다. 그러니 모든 것을 다 이해하려고 하지 않아도 됩니다. 우리가 그 체제 속에 살아가는 것이 아니니 너무 어려워할 필요도 없고요. 이렇게 생각해봅시다. 우리가 다문화가정을 받아들일 때 그들 한 나라 한 나라의 체제를 전부 다 이해하진 않죠. 북을 대하는 자세도 그 정도면 충분합니다. 이런 면에서 우리와 다르구나 인정하면 됩니다. 바로 그것이 북에 대한 오해와 불신을 푸는 첫걸음입니다.

개성공단에 관한
몇 가지
오해

지금 머릿속이 굉장히 복잡한데요. 일단은 마음에 떠오르는 질문을 계속해볼게요. 선생님이 개성공단 이야기를 종종 하시니 궁금해서 검색해보았는데요. 북한을 돕기 위해 돈을 퍼주고 있다, 개성공단은 북한 지도부의 '돈줄'이다, 안 그래도 부족한 일자리와 임금을 북에 뺏기고 있다, 북한 노동자에게 준 임금이 핵무기를 개발하는 데 쓰였다, 교육받은 엘리트들이 나와서 형식적인 쇼를 하는 것이다 등의 댓글이 달려있더라고요. 선생님이 이야기한 것처럼 북한이 개성공단을 위해 토지를 저렴하게 제공한 건 사실이지만, 그래도 우리가 그들의 돈벌이 수단으로 이용당하는 건 아닌가요?

그런 오해 정말 많이 받았죠. 대부분 개성공단에 대해

거의 모르고 하는 소리입니다. 다시 한번 개성공단 프로젝트의 핵심을 짚어봅시다. 개성공단의 목표는 단지 돈이 아닙니다. 평화를 위한 경제, 경제를 위한 평화를 함께 추구하는 것이 최초 목적이었어요. 말했다시피 남과 북이 평화를 제도화하기 위한 방법으로 경제협력의 방식을 선택한 거죠.

언론에 잘 알려지지 않은, 김정일 국방위원장의 일화를 하나 더 얘기해줄게요. 개성공단을 합의하는 과정이었는데요. 당시 현대그룹 정주영 회장이 직접 김정일 국방위원장을 만나 공단 개발계획을 논의합니다. 사실 정주영 회장이 처음에 제안했던 지역은 개성이 아니라 신의주였습니다. 그런데 김정일 국방위원장은 정주영 회장에게 이렇게 이야기합니다.

중국의 국가급 경제특구 1호인 심천을 가봤습니다. 심천이 성공할 수 있었던 가장 큰 요인은 홍콩이라는 배후도시(시장)더군요. 홍콩과 심천이 가장 가깝듯이, 서울과 가장 가까운 곳에서 공단을 해야 원·부자재가 들어오고 완제품이 나가는 게 빠릅니다. 물류이동 거리가 최대한 가까워야 합니다. 그런 의미에서 서울과 가장 가까운 개성이 어떻습니까?

남측 입장에선 너무나 반가운 제안이었죠. 거리가 가까울수록 물류비가 저렴해지고 기계와 인력을 사용하는 비용이 줄어들 테니까요. 앞서 언급했듯이 김정일 국방위원장은 개성공단을 만들기 위해 북의 서부전선 주요 군부대 6만명의 군병력을 송악산 북측 10~15킬로미터 뒤로 물렸어요. 사실 안보 관점으로 보면 엄청난 결단이죠.

언론에서는 북이 여러 가지를 양보한 대가로 우리가 개성공단에서 돈을 퍼줬다고 하던데요.

아닙니다. 오히려 우리가 북측과 비교하면 몇 배는 더 많이 퍼오는 게 사실입니다. 앞에서 개성공단은 남북이 함께 경제적으로 윈윈하는 곳이라고 이야기했죠. 정확히 말하자면 개성공단이 정상 가동됐던 14년 동안 우리가 북측보다 몇십 배는 많이 벌었고, 투자 대비 엄청난 수익을 올렸어요. '북한 퍼주기'가 아니라 '엄청난 퍼오기'였던 거죠. 그런 일이 어떻게 가능했을까요? 남측의 자본과 기술, 북측의 노동력과 토지가 만난 개성공단이 실제로 세계 최고의 경쟁력을 가지고 있었기 때문이죠.

구체적인 수치를 한번 따져봅시다. 개성공단에 입주한 10여 개의 기업이 평균적으로 지출하는 돈을 계산해봤는데요. 1억 원어치의 제품을 생산하는 데 북측에 전달되는 현금은 임금, 사회보험료, 조세공과금 등을 모두 합쳐 570만 원밖에 안 듭니다. 동일한 기준으로 국내에서 생산할 땐 8,300만 원이 들고요. 개성공단에서는 국내에서 드는 비용의 1/15로 똑같은 생산량을 만들어내는 겁니다. 이게 바로 개성공단이 지닌 압도적인 경쟁력이죠. 경제적 측면에서 개성공단만 한 곳은 전 세계 어디에도 없어요. 그래서 개성공단이 확대되면 남북이 경제협력을 통해 중국을 추월할 수 있는 압도적 경쟁력이 생긴다는 거예요.

와, 우리로서는 이래도 되나 싶을 정도로 남는 장사인데요? 그럼 "북한 노동자에게 준 임금이 핵무기 개발에 쓰였다"는 말은 뭔가요?

북측 노동자에게 지급한 임금이 핵 개발비 등으로 사용된다는 추측은 우리의 착각입니다. 북측 노동자들의 임금은 상상 이상으로 낮습니다. 임금을 협상했던 2004년 당시 북측 노동자의 월 임금은 얼마였을까요? 겨우 50달러였습니다. 50달러면 한화로 얼마인가요? 5만 원 정도입니다. 일급이 아니라 월급이 말이죠.

이 말도 안 되는 상황을 이해하려면 먼저 개성공단에 입주한 기업들부터 알아야 해요. 입주기업 대부분은 국내에서 20여 년 전부터 이미 경쟁력을 잃은 한계업종의 영세기업들입니다. 섬유나 봉제처럼 저렴한 노동력을 찾아 중국에 나갔다가 임금이 오르자 오갈 곳 없어진 노동집약기업들이죠. 따라서 개성공단 초기 입주기업의 유일한 관심은 북측 노동자들에게 얼마나 낮은 임금을 줄 수 있느냐 하는 문제였어요. 저임금을 보고 들어온 기업들이 대부분이었죠.

개성공단은 최초의 남북경제협력 사업이었기 때문에 남측 기업이 북측 노동자들에게 임금을 얼마나 줘야 할지 남북 정부가 협상해야 했어요. 2004년 당시 통일부와 산업자원부가 합동으로 베트남, 인도네시아 등의 임금 수준을 조사해서 입주기업들의 의견도 물었죠. 그 결과 한 달에 100~150달러를 줄 수 있다고 판단했습니다. 그런데 임금협상 과정에서 북측은 김정일 국방위원장의 특별 지시라며 아래의 취지로 제안합니다.

우리는 개성공단을 6·15 공동선언의 정신에 따라 북과 남의 평화의 제도화를 위해 특혜적 조치로 내놓았습니다. 월 50달러면 되겠습니다.

남과 북은 북측 노동자들의 기본임금을 월 50달러로 타결합니다. 우리가 월 200달러를 줄 수 있었음에도요. 돈이 중심이 되는 자본주의 사고방식으로는 도무지 이해가 되지 않지요. 결국 북측 노동자들이 받은 실질 임금은 기본임금 50달러에 연장근무, 야근, 특별근무까지 포함해 한 달 평균 6만 3천 원이었습니다.(2004~2006년 기준) 한 달에 6만 3천 원. 그 돈으로는 무기를 만들기는커녕 근로자들이 4인 가구 생활비로 쓰기도 빠듯합니다.

누군가는 개성공단 프로젝트로 북측이 우리 일자리를

빼앗아갔다고 말합니다. 하지만 한국에 이 돈을 받고 일할 수 있는 사람이 있을까요? 한 달 인건비로 지급하는 6만 3천 원이 퍼주기일까요? 오히려 개성공단이 아니었으면 이미 사라졌을 남측 기업과 그 협력업체에서 일하는 약 8만여 명의 일자리가 개성공단 덕분에 유지되었던 겁니다.

북측은 물가가 다르기 때문에 그 정도 임금이 적정했다고 여길 수도 있을 텐데요. 북측 노동자들이 다른 나라의 기업에서 받는 임금을 보면 그렇지 않습니다. 2015년 기준으로 북-중 국경지대인 단둥의 중국 기업에서 일하던 북측 노동자가 최소 3만 명입니다. 그들이 중국 기업으로부터 받았던 한 달 임금은 개성공단의 2.5배에서 3배였습니다. 중동 건설 현장에서 일한 북측 기술자들은 또 어떨까요. 그들이 받는 임금은 약 1천 달러로 개성공단에 비하면 엄청난 차이가 납니다.

북측이 개성공단을 돈줄이나 달러박스로 봤다면 일찌감치 개성공단 문을 닫고 중국이나 중동처럼 더 높은 임금을 주는 곳으로 숙련 노동자들을 보냈겠죠. 그러나 그들은 그렇게 하지 않았습니다. 북측에게 남측은 한 민족이지만 중동과 중국은 남이기 때문에 김정일 국방위원장의 특별 지시도, 임금에 대한 특혜도 남측에게만 줬던 겁니다.

흠, 이해가 안 돼요. 협상의 기본은 기브앤테이크잖아요. 북한도 개성공단 프로젝트에서 얻는 실질적인 이익이 있어야 하지 않나요?

북측이 중국과 중동에서 돈을 더 벌 수 있는데도 우리와 개성공단을 운영한 것, 우리가 월 임금으로 200달러를 줄수 있었음에도 50달러를 요구했다는 것만 봐도 북측이 외화벌이 수단으로나 달러박스로 개성공단을 시작하지 않았음을 알 수 있습니다.

우리는 개성공단을 경제적 관점에서 보려는 경향이 있지만 북에게는 분단 70년을 극복하고 새로운 남북 평화 시대를 여는 역사적 상징이자 민족통일의 미래를 그려나가는 특별한 공간으로 자리매김하고 있어요. 김정일 국방위원장도 2007년 노무현 대통령과의 남북정상회담 당시 개성공단과 관련하여 남측 기업 진출 속도를 더 내줄 것을 요청하면서 "북남경제협력사업은 단순히 경제거래가 아니라 민족의 화합과 통일, 번영에 이바지하는 아주 숭고한 사업이라고 생각한다"고 밝혔죠. 이렇게 북측은 개성공단을 이야기할 때 통일과 평화의 가치를 가장 먼저 둡니다.

이외에도 자본주의 시장경제를 이해하고 세무·회계 제도, 기업의 운영 원리 등 생소한 영역을 배울 수 있는 곳이었고요. 그뿐 아니라 소비재와 경공업 분야의 기술 습득과 공장 운영, 현대식 공단 운영 노하우 등을 배우는 간접적인 기회가 되기도 했습니다. 개성시와 그 근처에 있는 개풍군, 장풍군, 판문군 일대의 노동자를 최대로 고용하다 보니 지역경제를 안정적으로 활성화하는 역할도 해주었죠. 여러모로 북측 경제에 활력을 주는 제도였습니다.

그럼 "개성공단의 북한노동자들은 특별히 잘 교육받은 엘리트들만 선발해서 개성공단에 보내는 쇼를 한다"는 말은 어떻게 이해해야 하나요?

그렇지 않습니다. 거짓말입니다. 워낙 인건비가 저렴하다 보니 기업에선 어떻게든 노동자를 많이 고용하려고 했어요. 과잉 고용했죠. 북측은 개성시와 인근 개풍군, 장풍군, 판문군 일대 등 출퇴근거리에 있는 대부분의 주민들을 개성공단으로 보내야 했어요.

그런 상황에서 우리 사회에는 거짓 소문들이 돌았어요. 누가 그런 근거 없는 소문을 왜 퍼트리는지 도무지 이해할 수가 없어요. 우리 기업들은 특별히 선발하고 말고 할 필요도 없이 가능한 많은 사람을 고용하길 원했거든요. 적정 노동력으로 활용할 수 없는 장애를 가진 경우에는 하다못해 휴지통이라도 비울 수 있지 않느냐며 무조건 데려오라고 했죠. 그래서 개성 일대 두 시간 안쪽 출퇴근 거리에 있는 대부분의 노동력이 거의 개성공단에 들어와 있을 정도였어요.

북측의 노동력은 매우 우수하기로 정평이 나있습니다. 사실 개성공단이 중단되었을 때, 우리 기업들이 가장 아쉬워한 점이 개성공단의 숙련노동자들이었어요. 말 통하고, 일도 빨리 배우고, 다른 회사에서 돈을 더 준다고 해도 이직하지도 않거든요. 앞에서 말했듯 돈 때문이 아니라 국가(공동체)가 부여한 임무를 수행한다고 생각하기 때문에 이직이 거의 없죠. 그래서 누구나 숙련노동자가 되고 최고의 품질을 만들어냅니다. 월급 6만 3천 원~15만 원을 받는 사람들이 최상의 제품을 만든다니, 상상이 되세요? 그곳이 개성공단 입니다. 어때요, 이제 개성공단에 관한 오해가 좀 풀리나요?

실수하면
아오지탄광에
간다?

이야기를 듣다 보니 이제 북에 사는 사람들이 궁금해지기 시작하네요. 예전에 남북이 축구 경기할 때 북측 수비수가 자책골을 넣었다는 뉴스를 봤는데요. 제 친구는 그 선수가 아오지탄광에 끌려갈까 봐 걱정된다고 했어요. 선생님 말씀대로 북한도 하나의 사회이긴 하지만, 사실 북한의 인권탄압에 대해 여러 국가에서 목소리를 높이고 있잖아요. 북한 운동선수가 경기에 지면 진짜 아오지탄광에 끌려가는 건지 궁금해요.

그런 일은 없습니다. 정대세 선수가 텔레비전에 나와서 경기 성적이 안 좋다고 탄광으로 끌려가는 일은 절대 없다고 얘기한 적이 있죠. 이 질문은 두 가지 차원의 논의가 필요할 것 같습니다.

첫째, 아오지탄광은 진짜 안 좋은 곳인가?
둘째, 우리는 왜 그런 생각을 하게 됐을까?

아오지탄광은 소문처럼 무시무시한 곳이 아닙니다. 우선 북측 사회주의 경제에서 탄광노동자는 생활비를 가장 많이 받는 직업 중 하나예요. 상대적으로 교원, 의사 등의 직종은 생활비가 가장 낮죠. 탄광노동자가 천대받는 직업이라는 생각은 북측의 경제구조를 잘 몰라서 하는 오해입니다.

사실 아오지탄광의 악명은 일제강점기 때 널리 알려진 소문이 그대로 남아있어서 입니다. 한창 탄광이 개발되던 시절에는 열악한 시설 탓에 탄광이 무너져 광부가 죽은 경우가 많았습니다. 광부의 일이란 게 햇빛도 없는 지하에서 육체적으로 고생하는 일이다 보니 사람들이 기피하는 직업이었죠. 그것이 '아오지탄광'이라는 대명사로 전해진 겁니다. 당시 남측 탄광들도 마찬가지였고요.

해방 후 아오지탄광은 '6·13 탄전'으로 이름이 바뀝니다. 시설이 현대화되면서 노동환경과 강도가 달라졌죠. 지금의 6·13 탄전은 딱 남측의 탄광에서 일하는 정도일 겁니다.

그렇다면 우리는 왜 경기에서 진 운동선수가 탄광에 끌려간다는 생각을 하게 되었을까요? 독재국가처럼 마음에 들지 않는 누군가를 벌하는 비상식적인 일을 상상한 거잖아요. 북에 대해 우리가 가진 편견과 오해, 왜곡된 시선이 무의식중에 개입된 판단은 아닐까요?

사실 북측에서 평범한 인민들이 재판을 받아 법에 따른 처벌을 받는 경우는 거의 없습니다. 앞서 말했듯이 법적 처벌을 받기 전에 각자 속한 공동체 안에서 자아비판과 성찰의 과정을 거치며 반성하게 되죠.

하지만 예능 프로그램에 출연한 북측 주민들이 북에서는 잘못하면 수용소에 끌려간다고 말하던데요.

여기서 짚고 넘어갈 것이 있어요. 흔히 우리가 말하는 '아오지탄광'은 사실 정치범 수용소를 의미하잖아요. 체제를 불신하거나 반대하는 사람들을 벌주고 수용하는 공간이 있다고 상상하는 건데요. 북측에는 수용소라는 단어 자체가 없습니다.

사실 저도 개성공단에 있을 때 궁금해서 물어본 적이 있어요. 북측 사람들이 "남측에서 자꾸 정치범수용소라고 들먹이는데 대체 뭘 말하는 겁네까?" 하고 되묻더군요. 그러면서 '특구'에 관해 이야기를 해주더군요.

특구란 특정인이 모여 사는 특별 구역인데요. 주로 일제강점기 때 일제에 부역한 사람들(이들을 우리는 '반민족행위자' 혹은 '친일파'라고 부르죠)이 사는 곳입니다. 해방 후 일제강점기 시절 반민족행위자들을 죄의 경중에 따라 처벌하고 특별한 구역을 지정하여 모여 살게 했어요. 그곳이 바로 특구입니다.

수용소와 유사한 노동교화소란 곳도 있습니다. 노동교

화형을 선고받으면 교화소에서 일정한 시간 동안 일하면서 지내는 겁니다. 노동을 통해 잘못을 반성하고 스스로를 단련시키는 과정이라고 볼 수 있어요. 북의 고위급 인사들도 잘못이 있으면 노동교화소에 갑니다. 교화라는 단어에서 알 수 있듯이 일을 시키면서 반성할 시간을 주죠. 그러니 아오지탄광에 강제로 끌려가 죽을 때까지 노동하는 상황이 생길 리가 없습니다. 우리는 자라면서 여러 언론을 통해 북은 이상하고 괴팍하며 인간적이지 않은 국가라는 생각을 하게 된 탓에 그런 인식까지 갖게 된 거죠.

하지만 언론은 사실만 보도해야 하잖아요. 기자가 거짓말을 하지는 않았을 것 같은데요.

다른 영역에선 그렇죠. 하지만 북측과 관련한 남측의 보도만큼은 공정성, 객관성, 정확성이 떨어지는 경우가 많습니다. 2013년, 국내 여러 언론사에서 모란봉악단 현송월 단장이 처형됐다고 보도한 적이 있었죠. 처형당하는 곳이 어디였고 누가 지켜봤고 어떤 방식으로 죽였는지 어찌나 상세하게 보도했던지, 뉴스를 본 사람들은 북에는 역시 인권이 없다며 한참 비난했습니다.

그런데 2018년 평창올림픽이 열렸을 때 현송월 단장은 멀쩡히 살아서 남으로 내려와 많은 활동을 했죠. 허위보도로 밝혀졌는데도 언론사들은 단 한 줄도 정정보도를 하지 않았습니다. 그러니까 언론사 기자들이 북측 관련 내용을 기사화할 때 과장하거나 왜곡해도 괜찮다고 생각하는 겁니다. 사실관계를 확인하기 어렵고, 허위사실로 밝혀진다고 책임을 묻는 사람도 없으니까요.

영미권에서는 탈북자의 증언이 사실과 다를 수 있다는 경고 문구를 항상 띄웁니다. 국제사회에서 북측의 인권탄압을 증언했던 신동혁, 박연미 씨의 경우도 신뢰성이 떨어진다는 지적을 받고, 증언 일부가 거짓말이라고 인정한 적도 있었거든요. 기본적으로 탈북자를 통해 북측의 인권문제를 제기하는 것은 사실에 기반한다기보다는 적대정책의 정치적 공세용으로 압박하기 위해 사용되는 측면이 강합니다. 실제로 미국은 북측뿐만 아니라 러시아, 중국, 이란과의 관계에서도 이런 방식으로 인권문제를 제기합니다.

북한과 관련한 많은 뉴스가 오보일 수 있다니 놀라워요. 하지만 북한의 기아 사진이나 꽃제비 사진도 봤는걸요. 이미지를 조작할 수는 없는 거잖아요.

사실 인권문제는 정확히 볼 필요가 있습니다. 국제사회가 인권 보호를 중요하게 여기는 맥락은 이해하지만, 종종 오용될 가능성이 있다는 거죠. 한국에도 부자와 가난한 사람이 공존하잖아요. 서울역의 노숙자만 촬영한 뒤 한국은 개인을 돌보지 않는 인권탄압국이라고 하면 어떤가요? 단편적인 이미지로 전체를 판단할 수 없는 거죠. 특수상황을 일반화시키는 일반화의 오류입니다.

에피소드 하나를 소개해드릴게요. 개성공단에서 새해 맞이로 달력을 만들었는데 북측이 문제를 제기해서 사진 한 장을 바꾼 적이 있습니다. 북측이 무엇을 문제 삼았는지 아세요? 달력에 실린 사진 중에 북측 여직원이 더워서 양말을 벗고 일하는 모습이 나온 겁니다. 북측 관계자가 "남측에서 이 사진 가지고 우리가 못 살아서 양말도 못 신는다고 할 거 아닙니까?"라고 하더라고요. 남북이 그동안 적대심을 키우면서 서로의 실제 모습을 보려 하기보다는 좋지 않은 모습만 부각해서 봐왔기 때문에 벌어진 일이었죠. 그래서 저는 평화가 인권이라고 생각합니다. 전쟁상황을 유지하면서 상대방의 눈과 가슴을 향해 총부리를 겨눈 채 상대방의 인권을 이야기하는 것은 어불성설입니다. **평화가 곧 인권**입니다.

어떤 사회든 밝은 면과 어두운 면이 있는데 북측을 바라볼 때도 그 두 가지를 동시에 보는 균형감각이 필요합니다. 앞으로 한반도 평화체제가 정착하려면 서로 정확한 정보를 가지고 이야기해야 하지 않을까요? 남북간에 교류하면서 서로를 정확히 보고, 그 안에서 건전한 비판이 오갈 수 있는 관계를 만드는 일이 필요합니다.

탈북자가
탈북하는
진짜 이유

물론 어설픈 오해를 하면 안 되지만 실제로 북한이 싫어서 탈북하는 사람들도 있지 않아요? 목숨을 걸고 탈북하는 사람들에 관한 기사도, 다큐멘터리나 영화도 얼마나 많은데요. 북에서 고위공직에 있던 사람이 탈북해서 책을 쓰기도 하고요. 유튜브에서 탈북자 BJ가 탈북 이야기를 푸는 인터넷 방송을 보기도 했어요. 그 많은 탈북자들이 거짓말이라도 하는 건가요?

탈북자 문제는 자세히 들여다보아야 합니다. 제가 북한학을 전공하면서 제일 많이 만난 사람들이 탈북자들인데요. 북에서 장교로 복무하다 탈북한 어떤 분은 북한과 중국을 열두 번도 넘게 왔다 갔다 한 경우도 보았습니다. 목숨이 열두 개도 아닌데 어떻게 가능할까요? 탈북자들이 국경을 넘다가 발각돼도 큰 처벌을 받지 않고, 이삼일 정도 구류를 살다가 풀려나는 경우가 대부분입니다. 우리 생각으로는 국경 넘다 걸리면 그 자리에서 총에 맞아 죽어야 하잖아요. 실제로 그분한테 물었더니 이렇게 얘기합니다. "국경지대, 거기 너무 허술합니다." 국경을 넘다 걸려도 먹고살기 어려워서 나가는데 뭐 어쩌겠냐며 풀어준다고 합니다. 실제로 우리 생각과는 달리 남으로 넘어온 탈북자들이 북으로 돈을 보내거나 왕래하는 사례도 많습니다.

그러고 보니 그 탈북자 BJ도 북에 사는 가족에게 돈을 보내주고 통화도 한다고 말했어요. 그런데 그렇게 왔다 갔다 한다면 왜 탈북을 하는 건가요?

우리는 보통 탈북자 하면 독재정치의 폭압을 견디지 못하거나 자유를 찾아 남으로 넘어왔다고 생각하지요? 사실 탈북하는 가장 결정적인 이유는 먹고사는 게 힘들어서였어요. 1990년대 중반에 북측은 홍수나 태풍 같은 자연재해와 식량난과 전력난이 겹쳐서, 많은 사람이 굶을 수밖에 없는 상황을 맞게 됩니다. 흔히 고난의 행군 시절이라고 하죠.

원래 **고난의 행군**은 김일성 주석이 항일운동을 할 때 일본군 추적을 피해 100일간 산행한 데서 유래한 용어인데요. 1990년대에 경제적으로 어려움을 겪자 고난의 행군 정신으로 버티자고 주민들을 독려하면서 그 시절을 지칭하는 이름이 되었습니다. 항일운동 때 맞닥뜨린 혹한, 굶주림과 비교한 걸 보면 그만큼 힘들었던 시절이라고 짐작할 수 있죠. 실제로 그 시절에 북측 정권이 붕괴할 거라고 예상한 학자나 국제 전문가가 대부분이었습니다. 다들 짧으면 3일 길면 3개월, 아주 길어도 3년밖에 못 갈 거라고 했죠. 그런데 어떤가요? 북은 붕괴하지 않았습니다. 그때 했던 잘못된 예측에 대해서 반성하고 책임지는 전문가는 한 명도 없습니다.

여하튼 대부분의 탈북자는 고난의 행군 시기에 먹고살기 위해 중국으로 갔다가 남측으로 넘어왔습니다. 처음에는 식량을 가져오기 위해 북·중 국경에 있는 조선족 친척 집을 오가다 점점 중국에 정착해서 돈을 버는 사람들이 생겼어요. 1992년 한중수교 이후 중국의 조선족 동포들이 남측에서 경제활동을 많이 했는데요. 전체 조선족 250만 명 중 80만 명이 한국에 와서 돈벌이를 하고 있어요. 그들이 중국에 온 북측 사람들에게 남측에 가면 정착지원금도 주고 집도 준다고 하니 혹해서 남으로 오게 된 겁니다.

마치 외국인들이 돈을 벌기 위해 한국에 이주노동을 오는 것처럼, 그들도 먹고살기 위해 남측으로 온 겁니다. 우리가 흔히 아는 것처럼 북측 체제에 불만을 품고 넘어온 경우는 아주 드뭅니다. 대체로 경제적인 어려움 때문에 넘어온 거니까요. 2010년 이후 북측의 경제 상황이 나아지면서 탈북자 수가 급격히 감소하고 있습니다.

이러한 배경 때문에 북은 탈북자들에게 가혹한 처벌을

하지 않습니다. 국가사회주의 계획경제 하에서 국가가 인민들의 생활을 책임지지 못했으니까요. 김정일 국방위원장이 탈북자는 국가가 어려울 때 책임지지 못한 사람들이니까 엄격하게 죄를 묻지 말라고 공식 석상에서 얘기한 적도 있습니다.

그럼 텔레비전에서 북한에 대해 부정적으로 증언하는 탈북자들은 누구인가요? 그들은 북한 체제에 대해 비판적인 말을 많이 하던데요.

종편 방송에 나오는 탈북자들은 사전에 대본을 받고 나와요. 과장하거나 각색한 경우가 많습니다. 특히 방송에 자주 나오는 젊은 탈북자들은 1990년대 고난의 행군 때 어린 시절을 보낸 경우가 대부분이라 북측 사회에 대해 부정적인 견해를 가지고 있을 가능성이 높습니다. 그들이 증언하는 내용은 대부분 오래전 상황에 멈춰있다는 점을 고려하고 봐야 합니다.

솔직히 말하면 탈북자에 대한 오해를 부추기는 건 언론이라고 생각해요. 피디나 작가처럼 방송을 기획하는 사람들이 시청률을 핑계로 북에 대한 적대감과 이질감을 심어주는 프로그램만 만들고 있으니까요. 제 주변엔 선의를 가지고 평화와 통일에 관해 이야기하고 싶어 하는 탈북자가 정말 많지만, 그들은 방송에 출연하지 못하는 게 현실입니다. 우리 언론은 탈북자에 대한 깊이 있는 이해 없이 20년 전 이야기를 재생산하는 잘못을 범하고 있는 겁니다.

그러고 보니 북에 대해 긍정적인 이야기를 하는 프로그램은 거의 본 적이 없는 거 같아요. 탈북자들은 주로 어떤 사람들이고 남으로 넘어와서는 어떻게 살고 있나요?

지난 30년 동안 총 3만 명 정도의 북측 사람들이 남측으로 넘어왔는데 그중 90퍼센트가 함경도 사람들입니다. 두만강을 사이에 두고 중국과 마주 보고 있는 지리적 위치 때문이죠. 그중 적지 않은 사람들이 남측에 적응하지 못하고 중국으로 가거나 일부 사람들은 재입북했다고 알려져 있습니다. 우리 언론에서는 다루지 않는 뉴스죠. 아무도 궁금해하지 않으니까요.

마지막으로 한 가지만 짚고 싶습니다. '탈북자'라는 말을 누가 만들었을까요? 대한민국에 이민 온 미국인들을 탈미인들이라고 어색하게 부르지는 않잖아요? 한 통계에 따르면 2018년 1월부터 10월까지 대한민국 국적 포기자가 3만 284명에 달한다고 합니다. (「출입국외국인정책 통계월보」 2018년 10월호, 법무부) 지난 10년 내 가장 높은 수치라고 해요. 북에서 남으로 온 이들이 지난 30년간 3만 명이라고 했죠? 따지고 보면 1년간 한국 국적을 포기하고 다른 나라로 이민간 사람보다 적은 숫자예요. 한국 국적을 포기했다고 그들을 탈남자라고 부르지는 않죠. 처음부터 탈북자라는 말은 객관적이지 않아요. 공식적으로는 '북한이탈주민'이라고 부릅니다.

　새로운 평화의 시대를 맞이하기 위해서는 남북 간의 갈등과 이질성만을 부각하기보다는 상호존중과 평화에 기반한 화해와 동질성을 가르쳐야 합니다. 유튜브나 텔레비전 프로그램에서도 북에서 온 사람들을 존중하면서 함께 공존할 방법을 고민하는 것이 통일을 준비하는 구체적인 방법이 될 거고요. 앞으로 여러분이 해야 할 일이기도 하겠네요.

사상교육?
세뇌교육?
북한 청소년의 학교생활

우리가 북한 하면 떠올리는 이미지가 대부분 실제와 다르다는 걸 점점 깨닫고 있어요. 아직 통일을 구체적으로 상상하는 건 어렵지만 그곳 청소년들이 어떻게 사는지 궁금해지기도 하고요. 텔레비전에서 보면 북한 청소년들은 빨간 스카프를 목에 묶고 김일성 주석이나 김정일 국방위원장 사진에 경례하고 그러던데요. 학교생활은 어떻게 하고 있나요?

이번 질문은 북의 생생한 이야기를 들려줄 수 있는 분께 이야기를 들어볼까 해요. 북에서 간호장교로 일하다가 남으로 넘어온 김지이 선생님입니다. 북에서 학교를 졸업하기도 했고 딸을 둔 엄마이기도 하니 그곳 청소년들의 학교생활에 대해 여러분의 궁금증을 더 잘 풀어줄 수 있을 겁니다.

" 안녕하세요, 여러분. 저는 북에서 살다가 여기 온 지 10년 됐고요. 북에서는 열일곱 살에 해군에 입대해서 8년간 간호장교로 있다가 의학전문학교를 졸업했어요. 이쪽에 와서는 자격증을 따서 치과 기공소(치과 치아 제조소)에서 일하고 있어요.

먼저 북측의 교육제도를 간단히 얘기해볼게요. 북측은 유치원부터 의무교육과정으로 봅니다. 2년제 유치원에 가면 낮은 반, 높은 반 각각 1년씩 다니는데 높은 반 유치원부터 의무교육 과정이에요. 그다음엔 여기 초등학교에 해당하는 5년제 소학교가 있고, 중학교에 해당하는 초급중학교 3년, 고등학교에 해당하는 고급중학교 3년 과정이 있어요. 이렇게 총 12년의 의무교육을 받아요.

여러분이 말한 것처럼 학교 수업 중에는 김일성 주석과 김정일 국방위원장의 혁명 역사를 배우는 시간이 있습니다. 김일성 주석의 아내 김정숙 여사 또한 항일운동가였기 때문에 그분의 혁명사도 배웁니다.

하지만 그것만 배우는 건 아니에요. 전체 수업 시간표를 보면 국어, 영어, 수학, 역사, 지리, 음악, 미술, 체육 같은 과목들도 있고요. 수업 시간도 혁명사는 주당 한두 시간에 불과하고, 나머지는 일반 교과들로 이루어져 있어요. 여러분들이 학교에서 공부하던 수업 시간표와 별로 다를 게 없죠? "

저희랑 비슷하네요? 그럼 우리처럼 시험도 보나요?

" 그럼요. 중간고사는 안 보고 기말고사만 보는데요.
시험문제 유형이 달라요. 남측은 오지선다형이나 단
답형 시험을 보지만 북측에서는 대부분 서술형, 구술
형(직접 말로 설명하는 것)으로 보거든요. 그래서 남측
친구들이 하는 것처럼 에이포 용지 두세 장에 추려서
공부하면 안 돼요.
제가 처음 여기 와서 대학 다니며 신기했던 게 그거에
요. 저는 북에서 공부하던 식으로 하니 아무리 정리
해도 에이포지 스무 장이 넘어요. 예를 들어 우리 쪽
시험문제는 이렇거든요. 주체사상에 대하여 논하라.
그럼 주체사상의 핵심, 중요성, 원인을 다 써야 하니
까 두세 장으로 추릴 수 없죠.
또 다른 건, 북에선 기출문제를 미리 준다는 거예요.
100문제를 주면 그걸 다 암기하고 공부해요. 실제 시
험은 거기서 딱 네 문제 나오고요. 그렇다고 애들이
"아악, 하기 싫어." 이러는 건 없어요. 밤이고 새벽이
고 밖에 나가서 외우죠. 저도 책 보고 다니다가 이마
에 혹 나도록 세게 들이받은 적이 있어요. "

왜 다들 그렇게 열심히 하는 거예요? 시험을 못 보면 맞
거나 공부를 못하면 왕따당하는 건가요?

109

" 그럴 리가요! 북측의 교육 지침은 단순해요. 단 한 명의 낙오자도 없게 하는 거죠. 지각하거나 숙제를 안 해왔을 때 반성문을 쓰긴 해도 시험을 못 봤다고 때리거나 하진 않아요. 물론 제가 어릴 땐 종아리를 맞기도 했지만 북측 사회에서도 청소년을 체벌하는 건 교양 없는 짓으로 여기죠. 공부를 못한다고 왕따를 당할 일도 없어요.

학교에 가면 보통 선생님이 학생들을 하나하나 일으켜 세워서 질문을 하고 교과서를 읽히고 하거든요. 그때 잘 읽고 싶으면 밤새도록 바깥에 나가 소리내서 읽으며 연습을 하죠. 남측에선 누가 공부할 때 큰 소리 내서 읽거나 하면 막 째려보고 그러잖아요. 거기는 안 그래요. 잘 읽을 수 있을 때까지 연습하는 거죠.

학업을 잘 못 따라가는 친구가 있으면 선생님이 최우등 학생과 짝꿍을 지어서 함께 공부할 수 있도록 해요. 집에도 같이 가고 숙제도 같이 하고. 그런 곳에 있다가 여기 왔을 때 엄청 놀랐어요. 제가 학교에서 노트 필기를 못 해서 친구들에게 노트 좀 빌려달라고 말한 적이 있거든요. "내가 왜 해줘야 해? 내 공분데." 이러더라고요. 충격이었죠. "

그럼 변별력은 어떻게 나눠요? 모두가 공부를 똑같이 잘하면 대학은 어떻게 가고요?

" 남과 북의 교육은 목적이 약간 달라요. 여기는 시장경제잖아요. 태어날 때부터 부모 세대의 자본으로 살아야 돼요. 하다못해 연필 하나도 돈으로 사야 하니까 돈도 많이 벌어야 하고요. 북에는 그런 게 없어요. 국가 주도 계획경제다 보니까 옷, 식료품, 학용품 등 필요한 것들 모두 국가에서 배급받거든요. 그러니까 돈 걱정을 할 필요가 없어요. 학생은 학교 가서 그냥 공부만 하면 돼요. 열심히 해서 최우등이 되느냐 우등이 되느냐 낙제생이 되느냐는 개인의 선택이죠. 말한 것처럼 낙제하지 않도록 선생님과 최우등 친구들이 돕지만 물론 개중에는 낙제하는 경우도 있어요. 제대로 이해를 못 하면 학교에서 졸업을 안 시키거든요. 그런 친구들을 '묵은돼지'라고 놀리기도 하죠.

또 하나 우리는 늘 **조선을 위하여 배우자**라는 마음가짐이 있어요. 등교하면 학교 정문과 교실 곳곳에 그 글귀가 표어로 붙어있어요. 모두가 꼭 대학에 가는 문화는 아니예요. 기업소나 공장, 협동농장에도 '조선을 위한' 다양한 일이 있으니까요. 그래서 시험을 좀 못 보면 슬프긴 해도 '나는 공부를 못하니 대학을 못 가', '대학 떨어지면 좋은 직장을 못 가져', '내 인생은 망했어' 이런 생각은 하지 않아요. 그러다 보니 남측보다는 공부 스트레스가 훨씬 적은 것 같아요. "

대학에 가는 사람들은 어떤 사람들인가요?

" 북도 여기처럼 대학 입학시험에 응시하는 사람은 많아요. 하지만 대학에 가는 사람은 우등생 중에서도 최우등생 몇 명만 갑니다. 졸업 후에 바로 대학에 간 사람들을 '직통생'이라고 불러요. 보통 그해 대학 정원의 10퍼센트 정도만이 고급중학교를 졸업한 직통생들입니다. 나머지 90퍼센트는 30대, 40대로 나이가 많은 사람들이고. 직장 생활하다가, 군대에 있다가, 기업소나 공장·협동 농장 등 각종 기관에서 일하다가 대학에 가는 사람들이 대부분이에요.

공동체에서 인재로 길러야 할 유능한 사람이라고 판단하면 대학에 보냅니다. 그래서 나이도 많고 사회 경험도 많은 대학생이 대부분이에요. 전문적인 기술을 가르쳐야겠다고 생각되면 전문학교에 보내기도 해요. 경공업전문학교, 의학전문학교, 농업기술전문학교 등의 전문학교를 3년 동안 다니면서 자기 분야의 전문성을 쌓은 다음 직장으로 돌아갑니다.

대학교와 전문학교 간의 차별도 없어요. 대학교로 가는 소수의 최우등생은 그 역할과 의무에 맞게 국가에 헌신하고, 전문학교에 가는 학생들은 현장에서 필요한 자기 전문성을 기를 뿐이죠.

남측의 교육제도와 또 다른 점은 학교 등록금이 없

다는 거예요. 최근에 김정숙 여사가 평양 음악종합대
학에 방문했을 때 최태영 총장에게 등록금이 얼마냐
고 물었더니 "등록금이 무슨 말씀입니까? 저는 무슨
말인지 모르겠습니다"라고 대답했다고 하죠. 북에는
등록금이라는 개념 자체가 없어서 그래요. 국가에서
쓸 인재이니 국가가 교육해줘야 한다는 마인드라서
성실한 학생은 생활 장학금도 받을 수 있어요. **"**

등록금이라는 단어 자체가 없다니 놀랍네요. 그런데 대
학에 못 간 사람들도 있잖아요. 직장 안에서 뒤처진다거
나 월급을 적게 받거나 하는 불리함이 있을 것 같아요. 대
학에 가지 않아도 정말 괜찮은가요?

" 모든 사회가 그렇듯 북측 사회에도 굉장히 다양한 역
할이 있습니다. 누군가는 사람을 치료해야 하고 누
군가는 탄광에서 일해야 하고 또 누군가는 청소를
해야 하지요. 그러나 북에서는 의사라고 해서 더 귀
한 직업은 아니고 청소부라고 해서 더 천한 직업도
아닙니다. 둘 다 사회에 꼭 필요한 역할입니다. 남측
에선 의사가 돈을 잘 버는 직업이지만 북측에선 오히
려 광부가 대학교수만큼 좋은 대우를 받고 생활비도
더 많이 받습니다. 직업에는 귀천이 없다고 생각하고,
육체노동의 가치를 높게 쳐주기 때문입니다.

대학생도 마찬가지입니다. 하나의 역할이라고 생각해요. 대학에 다니는 사람을 대단하다고 여기기는 하지만 모두가 꼭 대학에 가야 한다고 생각하지는 않습니다. 대학에 못 갔다고 해서 취업을 못 하거나 불평등한 대우와 무시를 받을 걱정도 없어요. 공동체가 부여한 자기 일을 하면 되니까요.

우리가 자주 하는 말이자 학교에서 선생님들이 늘 가르치는 말이 있어요. 사회와 집단 속에 나의 행복이 있다. 성적이 좋든 나쁘든 그래서 대학에 가든 군대에 가든 협동농장에 가든 모든 인민이 공동체 구성원으로서 똑같이 중요하다는 걸 학교에서 배웠어요. 가장 중요한 배움인 것 같아요. 제 이야기가 북측 청소년들의 학교생활을 알아가는 데 좀 도움이 됐나요? ⟩⟩

그들의
평범한
일상 로그

김지이 선생님 이야기를 들으니까, 북한 청소년들은 왠지 진지하고 성숙하다는 이미지가 생겼어요. 우리보다 입시 스트레스가 적다니 부럽기도 하고요. 북한 친구들도 학교 끝나고 학원에 다니는지 궁금해요. 학원에 가지 않으면 뭘 하며 시간을 보내나요?

" 북에는 **소조 활동**이라는 게 있어요. 대부분의 학교가 교실이 작아서 오전반과 오후반으로 나눠 수업하거든요. 오전반은 아침 8시 반에 학교 와서 12시까지 공부하고, 오후 한 시부터는 오후반 친구들이 등교해요. 오후반 친구들이 공부할 동안 오전반 친구들은 소조 활동을 하죠. 축구 소조, 음악 소조 등 다양한 소조가 있어요. 남쪽 말로 하면 동아리라고 볼 수 있어요. "

115

학원을 안 다니고, 동아리 활동을 하는 거네요. 소조 활동은 어떻게 하는 건가요?

" 수업을 해보면 운동, 음악 등 예체능에 재능 있는 애들이 눈에 띄잖아요. 선생님이 그런 친구들을 소조 활동에 추천해요. 소조 활동은 학교에서 하지 않고, 소년궁전이라고 하는 곳에서 하는데요, 분야별로 체계적이고 전문적인 교육을 받죠. 정말 특별한 재능을 가진 친구들은 아예 예체능 전문학교로 진학하기도 하구요. 그렇다고 부모들이 특별히 "우리 애 좀 키워 주세요." 하며 억지로 시키는 건 없어요. 선생님이 재능 있는 애들을 키워야지 재능 없는 애들한테 억지로 하라고 하면 스트레스가 되잖아요. 이게 남측이랑 좀 다른 건데, 기본적으로 부모들이 선생님에 대한 신뢰가 매우 깊어요. 북에선 소학교 1학년부터 5학년까지 담임이 바뀌지 않고 책임지고 가르치거든요. 누구보다 학생들을 잘 알 수밖에 없죠.
부모는 아침 8시 반부터 저녁 6시까지 국가의 부름에 따라 노동하러 가니 자녀 교육은 국가가 맡아서 해야 한다고 생각해요. 부모보다 선생님이 아이들을 더 잘 알기 때문에 대부분 선생님의 조언을 따르는 편이죠. "

선생님의 조언에 따라 소조 활동을 정한다고요? 제가 하고 싶은 거랑 선생님이 저한테 하라고 하는 거랑 다르면요?

" 물론 본인 의사가 가장 중요하죠. 그런데 교사와 학생 관계가 남측과는 또 달라요. 왜냐하면 북에서는 교사가 굉장한 존경을 받는 직업인 데다 본인들도 굉장한 자긍심을 갖고 있거든요. 물론 생활비는 적게 받지만, 남측과 달리 사회적 존경과 예우가 가장 높은 직업이에요. 담임도 바뀌지 않고, 고등중학교에서 대학 추천하는 것도 학부형이 아니라 선생님이 추천하다 보니 학생들한테 선생님은 거의 엄마 같은 존재죠. 선생님을 매우 깍듯하게 대하고요. 그래서 학생들이 부모보다 선생님을 더 따르고 존경한다고 해도 과언이 아니에요. 학생들은 교실에 선생님이 들어오면 차렷, 무릎에 손 딱 올려놓고 기다려요. 사람 눈이 두 개잖아요. 80개의 눈이 선생님을 뚫어져라 쳐다보죠. 머리가 좀 돌아가는 친구들은 정확하게 손을 딱 들고 "선생님, 배움의 천리길은 언제부터 갑니까?" 하고 질문하죠. 배움의 천리길은 김일성 주석이 어린 시절에 깨달음을 얻었다는 길을 학생들이 직접 걸어보는 활동인데요. 북과 중국의 접경지역에서 평양까지 300킬로미터에 달하는 아주 긴 길이지만, 학생들이

손꼽아 기다리는 수학여행 코스라고 보면 돼요. 아무
튼 북측 청소년들은 선생님과 적극적으로 소통하기
때문에 소조 추천도 서로에 대한 믿음으로 진행되는
편이죠. ”

저희도 동아리나 클럽 활동이 있지만, 하교 후에 친구들
이랑 떡볶이도 먹으러 가고 피시방 가서 게임도 하고 놀
거든요. 북한 친구들은 소조 활동 말고 친구들과 뭘 하면
서 놀아요?

“ 극히 일부는 과외를 하기도 하고요. 보통은 친구들이
랑 놀지요. 남측에선 케이팝 뮤직비디오 보면서 노래
도 따라 부르고 춤도 따라 추지요? 우리는 우리끼리
하는 집단 가무에 아주 능해요. 60년대에 재일 동포
자녀들이 일본에서 살다가 북으로 많이 왔거든요. 그
런 언니들이 손풍금을 가르쳐줘서 북측에서 손풍금
이나 기타는 대중 악기예요. 기본 중의 기본이죠. 남
측 청소년들이 리코더나 피아노를 다룰 줄 아는 것처
럼요. 북에서는 누구나 자기 악기 하나 정도는 능숙
하게 연주할 수 있어요.
저녁 6시 이후에는 둘러앉아서 기타 치고 노래하고
그래요. 앉아서 오락회도 하고 엄청 재밌게 놀아요.
노래를 들으면 피로가 풀리잖아요. 아, 사사끼라고

화투랑 비슷한 카드 게임이 있어요. 사사끼 잡는다,
빨간 돼지가 일본놈 잡는다고 부르기도 하는데요. 그
런 게임을 하면서 저녁 시간을 함께 보내죠. 또 최근
에는 컴퓨터가 보급되면서 청소년들끼리 컴퓨터 게
임도 하고, 남측이랑 비슷하게 노는 것 같아요. **"**

북한에서도 컴퓨터게임을 하는군요! 생각보다 우리와
다르지 않네요. 저는 북한 청소년들은 매일 카드섹션 연
습하거나 집단체조 훈련만 하는 줄 알았어요. 저도 게임
을 좋아하는데 나중에 함께 해보고 싶어요.

" 이렇게 얘기하니 되게 건전하게 노는 것 같은데, 물론
북에도 간혹 망나니들 있어요. **"**

망나니들이요? 일진 같은 건가요?

" 아니요. 남측처럼 학교폭력 그런 건 없어요. 전 여기
와서 그 말을 듣고 깜짝 놀랐어요. 북에서 망나니라
고 하는 건 저 구석에 가서 담배 몰래 피우는 애들 정
도예요. 그게 사회 전반적인 문제가 되진 않고, 우리
집 자식이지만 망나니라고 부르는 정도죠.
지금은 좀 달라졌을지도 모르겠는데, 제가 있을 때만
해도 담배 피우는 망나니에게는 하다못해 지나가던

옆집 아저씨가 혼내기도 했어요. 남측에선 "네가 뭔데 내 새끼한테 그래"라고 하기도 하는 것 같던데 북에서는 그렇진 않아요.

아, 싸움도 좀 하긴 해요. 태권도 배우는 게 인기가 있거든요. 종종 학교끼리 싸울 때 태권도 배워가지고 발차기 하고. 그런 건 여기나 거기나 똑같아요. 경제 시스템이 다를 뿐이지 학교 다니고 친구랑 종종 싸우고 놀러 다니면서 생활하는 거죠. "

정말요? 하나도 안 똑같을 거 같은데요.

" 밥 먹고 생활하는 건 다 똑같아요. 그러고 보니 제가 여기 와서 신기했던 게 생각나네요. 바로 '사춘기'라는 말인데요. 우리는 그 또래를 '성숙기'라고 불러요. 성숙해야 하는 시기니까 잘 먹여야 하는 때라고 생각하지, 여기서처럼 말 안 듣는 중2병이라고 부르지 않아요.

어쩌면 사춘기라는 말이 있기 때문에 청소년들이 극도로 예민해지거나 반항하는 게 아닐까 싶기도 해요. 청소년을 바라보는 시선은 남과 북이 좀 다른 것 같지만, 어쨌든 그들이 밥 먹고 놀고 사는 모습은 이곳이나 저곳이나 마찬가집니다. "

김정은 체제,
달라지는
북한 청년들의 고민

북한 청년들은 어떤 고민을 하나요? 밥 먹고 생활하는 건 똑같아도 정치체제, 경제제도가 다르니까 꿈이나 하고 싶은 일 등 세세한 부분은 다를 것 같아요. 여기선 대학에 가지 못하거나 일자리를 구하지 못할까 봐 걱정이 많은데 북한 청년들은 어떤 고민을 하는지 궁금해요.

남측 청년들에게 취업은 가장 큰 걱정이죠. 온 나라가 청년 취업률을 올리기 위해 각종 정책을 펼칠 정도니까요. 반면 북측 청년들에게 취업은 중요한 걱정거리가 아닙니다. 북측에선 사회주의 계획경제 아래에서 전공과 희망에 근거하여 국가가 직장을 정해주니까요.

청소년들의 재능을 보고 가장 적합한 소조를 정해준다는 이야기는 이미 들었죠? 직장 배치도 거의 비슷합니다. 사회주의 계획경제에서는 노동도 공적인 사회적 노동이기 때문에 사람의 노동을 돈으로 환산하지 않고 사고팔지도 않습니다. 그래서 개인이 스스로 구직활동을 하지 않고, 국가가 세운 계획에 알맞게 각 직장에 배치되는 겁니다.

좀 더 자세히 설명해보겠습니다. 고급중학교를 졸업하고 대학이나 군대에 다녀오면 각자의 전공과 지망을 고려해 집과 가까운 직장에 배치되는 경우가 대부분입니다. 직장 신청은 3지망까지 써서 낼 수 있고, 이후에 이직 신청도 가능해요. 그러니 취업 경쟁이 생겨나지 않죠. 게다가 주거도 무료로 제공합니다. 남측 청년들이 어렵게 취업해도 월급의 상당 부분을 전세금이나 월세로 날리는 것을 생각해보면 상당한 차이죠.

취업 경쟁도 없는데 집까지 국가에서 준다니 일단은 너무 부러운데요!

그렇죠? 북측에는 실업난도 존재하지 않습니다. 우리는 직장을 잃으면 자기 자신은 물론 가정 전체의 생계가 위협받게 되잖아요. 그런데 북측에서는 직장을 잃을 위험성 자체가 낮습니다. 사람의 노동을 돈으로 환산하지 않기 때문에 그 사람이 제 몫을 못 한다고 해도 함부로 노동자를 해고하지 않아요. 아니 해고해서는 안돼요.

무엇보다 국가는 성인이 된 모든 인민에게 반드시 일자

리를 제공해야 할 의무가 있습니다. 국가가 그 사람의 생활을 책임지고 있는 거에요. 그렇기 때문에 개인이 절박하게 생계를 고민하지 않습니다. 국가라는 사회 공동체와 제도 속에서 모든 문제를 함께 해결하기 때문입니다.

일자리를 잃을 걱정을 하지 않는 건 좋지만, 그럼 누가 열심히 일하겠어요? 대학교 조별과제만 해도, 무임승차니 프리라이더니 하는 말도 있듯이 다른 사람의 열정에 기대 열심히 하지 않는 이가 많다고 하잖아요.

북측과 남측의 국가관과 노동관에는 본질적으로 차이가 좀 있어요. 기본적으로 북측 사람들의 마음은 이렇습니다. '국가는 나를 책임지고 나는 국가(공동체)가 내게 준 임무를 성실하게 이행한다.' 국가를 믿기 때문에 배치된 대로 일하러 가는 거예요. 반면 남측에서 지나가는 회사원을 붙잡고 "왜 회사에 다니세요?" 하고 묻는다면 그는 뭐 그런 걸 묻느냐는 표정으로 이렇게 답하겠죠. "먹고살아야죠." 자본주의 사회에서는 대체로 자신의 노동을 팔아 먹고살기 위해 매일 출근하고 일하는 겁니다.

그 질문을 북측 사람들에게 똑같이 던져볼까요? "선생은 왜 이 기업소에 나옵니까?" "선생은 왜 협동농장에 나갑니까?" 하고 물으면 그들은 마치 앞의 회사원처럼 뭐 그런 걸 묻느냐는 표정으로 이렇게 답할 겁니다. "국가가 나에게

이 임무를 줬으니까요.”

물론 여러분의 말대로 생산성 문제는 있습니다. 하지만 무임승차나 프리라이더의 문제라기보다는 일하는 목적과 태도가 다르다고 보는 게 어울리지 싶어요. 예를 들어 자본주의 기업의 목표는 적은 투자로 최대한 많은 돈을 버는 거지요. 원재료 가격을 최소화하고 인건비를 삭감하며 시장을 독점해서 부가가치를 높이기 위해 혈안이 되어 있죠. 잉여상품을 버리기도 하고요. 남들보다 더 오랜 시간 일해서 더 많이 벌고 싶다면 그래도 된다고 생각하지요.

반면 사회주의 계획경제의 기업소는 과하게 일하지 않습니다. 국가가 정해준 생산계획에만 맞추면 되거든요. 이번 달에는 신발 30켤레를 만들라고 하면 딱 그만큼만 일하면 되는 거예요. 더 일한다고 생활비가 많아지는 것도 아니고 애초에 국가에서 정해주는 계획생산량도 과도하지 않다 보니 남측에서 한 명이 할 일을 북측에선 두세 명이 합니다.

그럼 더 많이 일하고 돈도 더 많이 벌고 싶은 사람들은 어떡해요? 모두가 똑같이 가난해야 하는 건가요?

그래서 북측이 경제발전을 목표로 시장경제 원리를 조금씩 도입하고 있는 거예요. 전통적인 사회주의 계획경제에서는 노동을 돈으로 사고팔 수 없었지만, 요즘엔 국가가 정해준 직장에서 하는 일 말고도 퇴근 후에 다른 일을 해서 돈을 벌 수 있습니다. 부분적으로 사적 소유제도를 도입한 거죠. 북측의 시장인 장마당에 가서 돈을 벌 수도 있구요. 기업소 차원에서 국가가 아닌 다른 기관과 거래를 하기도 합니다.

예컨대 이런 거예요. A기업소가 있어요. 국가가 신발 30켤레를 만들라고 했을 때 A기업소는 평균 30일이 걸립니다. 그런데 중국의 업체에서 신발을 10켤레 만들어달라고 주문합니다. 그러면 A기업소의 관리자는 직원들의 동의를 구합니다. 조금만 고생해서 국가가 주문한 30켤레는 20일 안에 끝내고 남은 10일 동안은 중국 업체가 부탁한 신발 10켤레를 만들어 판 뒤에 그 수익을 나누자고요. 그러면 국가 계획 생산량만 소화하는 기업소의 근로자와 임금 차이가 날 수밖에 없겠죠. 기업소에서 이렇게 발생한 추가수익은 관리자와 노동자가 거의 동등하게 나누기 때문에 노동자들이 좀 더 일할 맛이 날 거고요.

어딜 가나 좀 더 일하고 돈을 더 벌고 싶은 사람은 있나 봐요. 우리가 몰라서 그렇지 이미 북한사회도 변하고 있군요. 그럼 북한 청년들도 우리만큼은 아니더라도 취업에 대한 고민이 생길 수밖에 없겠네요.

그렇겠죠. 지금 북측 사회에는 변화의 물결이 일고 있습니다. 특히 2010년대 이후 사회·경제적 변화의 속도가 빨라지고 있어요. 무상교육과 무상의료 같은 국가사회주의 계획경제의 틀은 유지하고 있지만, 시장의 기능도 확대되고 있어요. 북에서는 상품을 사고파는 시장을 '장마당'이라고 하는데요. 장마당 개수도 2018년 2월 기준 480여 개로 늘었습니다. 이제 북측 인민들은 의식주의 모든 것을 국가에서 배급받는 단계를 지나 시장에서 생활품을 사고파는 데 익숙해지고 있다는 얘기입니다. 장마당 등 상거래와 관련된 일에 종사하는 북측 인민이 많이 늘어나고 있다고 합니다.

북에도 경제적 변화가 일어나고 있군요! 그 외에 또 어떤 변화가 생기고 있나요?

주거 배급도 조금씩 변화하고 있어요. 모든 토지와 주택 그리고 생산수단은 국가 소유이기 때문에 국가가 인민에게 집을 공급하고, 인민들 간의 주택 거래는 원칙적으로 불가능합니다. 하지만 최근 주택의 사용권을 둘러싼 거래들이 극히 일부 있다고 하는 이야기들도 나오고 있어요. 마치 일정 부분 시장개방을 받아들인 중국과 베트남처럼 북측 내부에서도 조심스럽지만 상당한 변화가 일어나고 있는 거죠. 또 여러분 중에 온라인쇼핑 좋아하는 친구들이 많을 텐데요. 북에서도 온라인쇼핑몰 '옥류'나 '만물상'이 아주 인기가 있어요. 스마트폰도 확산되고 있어서 모바일 앱으로 식료품, 화장품, 디지털 제품, 옷, 신발, 가방 등을 구매할 수도 있고요.
남북 청년들의 고민은 다르다고 이야기를 시작했는데

최근 뉴스를 들어보면 꼭 그런 것 같지도 않아요. 앞으로 북측 청년들과 만날 일이 더 많아질 테니 그들의 소식에 귀 기울이며 함께 청년문제를 해결할 단초를 찾아보면 좋겠습니다.

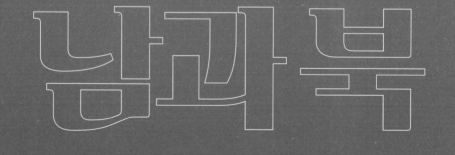

통일되면
뭘 할 수
있는데?

남북한
평화의 유니콘
개성공단

북한도 다양한 변화를 겪고 있군요. 우리가 어떻게 그들과 함께할 수 있을까 싶었는데 실상을 듣고 나니 예상보다 멀쩡한 나라여서 놀랐어요. 그래도 막상 같이 산다고 생각하면 조금 불안하거든요. 그냥 다른 나라들처럼 각자의 나라에서 잘 살면 안 되나요?

물론 당장 통일까지 갈 필요는 없지요. 통일은 오랜 평화의 시간을 보내다 보면 오는 거라고 이야기했잖아요. 그동안 우리가 할 일은 각자의 영역에서 평화롭게 잘 사는 거지요. 남과 북은 이미 경제적으로 협력하면서 살아본 경험이 있잖아요. 2004년부터 2016년 2월까지 12년 동안 개성공단으로 출퇴근했던 남북의 사람들이 바로 산 증인이죠. 개성공단이 중요한 이유는 또 있습니다. 앞서 개성공단이 남과 북의 평화프로젝트이자 경제프로젝트트라고 했죠. 경제적으로는 우리의 구조적 저성장 문제를 탈출할 수 있는 방안이자, 실질적으로 남북평화를 실현할 수 있기 때문입니다. 외국에서도 통일의 방안으로 개성공단을 높게 평가합니다.

독일이 서독과 동독으로 분단되었다가 통일을 이룬 이야기 아시죠? 독일 통일은 빌리 브란트 총리가 추진한 '동방정책'에 힘입은 바가 큰데요, 이 동방정책을 만든 사람이 에곤 바르예요. 에곤 바르가 개성공단 사진을 보고 이렇게 말합니다.

> 이건 놀라운 상상력이다. 내가 동방정책을 설계할 때 동독 지역에 서독의 공단을 만든다는 생각을 미처 못 했다. 대단한 상상력이다. (…) 한국의 통일모델이 필요한데, 이건 베트남 모델도 될 수가 없고, 독일 모델도 될 수가 없다. 한국형 통일모델이어야 하는데, (…) 개성공단 모델이다. 복잡하게 생각할 것도 없이 개성공단을 확장해서 계속 따라가면 그 중간에 경제 통일이 올 것이고, 종점에 마침내 한반도의 통일이 올 것이다. (『10년 후 통일』 89쪽, 정동영·지승호)

에곤 바르의 말대로 개성공단은 놀라운 상상력의 결과물입니다. 요즘 스타트업이 주목받고 있죠? 일상의 문제를 전에 없는 창의적인 방식과 경제적인 관점으로 풀어내는 기업들이요. 남북평화 문제를 가장 창의적인 방식으로 해결하는 개성공단이 바로 최초의 남북 공동 스타트업입니다. 남북이 경제적으로 협력하며 제2, 제3의 개성공단을 만들어가다 보면 남과 북 모두 엄청난 번영을 누릴 수 있습니다. 스타트업계의 유니콘 기업들이 그렇듯 말입니다. 평화롭게 공존하되 서로 만나고 놀고 함께 일하며 잘 살아가는 거죠.

개성공단이 굉장히 효과적인 경제프로젝트라는 건 앞에서 여러 번 이야기 해주서서 이해했어요. 에곤 바르의 평가를 들어보니 정말 좋은 정책이라는 생각도 들고요. 그런데 평화프로젝트라는 말은 이해가 잘 안 돼요. 개성공단과 평화 사이에 어떤 연관 관계가 있는 건가요?

그럼 좀 더 실질적인 얘기를 해볼게요. 앞에서 개성공단 부지가 원래는 북의 군사기지였다는 말을 했죠? 개성은 한국전쟁 당시 북이 서울로 들어오는 주요 루트 중 하나였어요. 그만큼 중요한 군사요충지이자 군사력이 밀집된 지역이죠. 그런 곳에 있는 군부대와 군사기지를 없애고, 개성공단과 같은 남북경제협력의 장을 만들었기 때문에 개발 초기부터 그 상징성으로 주목을 받았어요.

공단이 가동된 후에는 광화문에서 매일 개성공단으로 향하는 통근버스가 생겼습니다. 남북 간에 군사적인 긴장감이 고조되었을 때도 통근버스는 10년 동안 계속 다녔어요.

서울 한복판을 지나 철조망과 지뢰밭이 설치된 군사분계선 일대를 아침저녁으로 건너다닌 겁니다. 상징적인 장면이죠. 예를 들어 남북 간에 우발적인 군사충돌이 발생했다고 생각해봅시다. 통근버스가 매일 개성으로 출발하고, 남과 북의 노동자 6만 명이 개성공단에서 함께 일하고 있는 상황에서 군사적 충돌이 쉽게 확대될 수 없죠. 즉 개성공단은 물리적 존재만으로도 남북의 정치·군사적 위기를 완충하는 역할을 하는 거예요.

여러분, '국가안보'라는 말 자주 들어보았죠? 외부의 위협이나 침략으로부터 국가와 국민의 안전을 보장한다는 뜻인데요. 국민의 생명이 달린 일이니 국가의 역할 중 아주 중대한 영역입니다. 국가안보를 강화하려면 어떻게 해야 할까요?

음… 군사무기를 많이 사면 되지 않을까요?

과연 그럴까요? 그건 소극적인 안보에 불과합니다. 앞에서 언급했던 김정일 국방위원장의 이야기를 다시 떠올려봅시다. 적극적인 안보는 바로 평화를 정착시키는 것이라고 했죠. 싸울 준비를 하는 것보다 아예 싸움이 일어날 수 없는 구조를 만드는 게 더 현명하니까요. 그런 점에서 개성공단은 남북평화의 가장 확실한 안전장치인 셈이죠. 6만 명의 남북 노동자들이 24시간, 365일 함께 지내고 있는데 누가 함부로 군사적 위기를 확산시킬 수 있겠어요. 마주 달리는 폭주기관차를 막아주는 역할이 바로 개성공단이 가진 안보적 가치라고 할 수 있어요. 돈 버는 안보죠.

사실 북측이 정말로 원하는 건 미국 기업이 북으로 진출하는 겁니다. 엄밀히 말하자면 북측은 여전히 미국과 전쟁을 끝내지 못한 상황이라고 이야기했죠? 그들이 정말로 원하는 건 평화라는 것도요. 그런데 미국은 자국의 기업이 들어가 있는 나라와는 군사적인 충돌과 전쟁을 일으키지 않습니다. 북측에게 미국과의 경제협력은 전쟁위기를 피할 수 있는 가장 좋은 방법이죠. 평화를 정착시키기 위해 수십 번 회담하는 것보다 개성공단 같은 예를 여러 개 만들고, 미국 기업이 북측으로 진출하는 경제협력을 확대해나가는 게 훨씬 효과적인 방법인 거예요. 애매한 평화정책을 남발하느니 개성공단에서 남북의 노동자들이 매일 함께 머리를 맞대고 일하며 서로를 이해하는 시간을 쌓아가는 것 자체가 평화를 정착시켜가는 과정인 거고요.

한마디로 돈도 벌고 전쟁도 막을 수 있는 거네요! 꼭 통일을 염두에 두지 않아도 되는 거고요.

그렇죠. 오랜 시간 동안 평화를 정착시키는 과정이 쌓이면 자연스럽게 통일이 되는 거니까요. 굳이 의식적으로 통일을 생각할 필요도 없어요. 평화 그 자체가 통일인 거예요.

개성공단은 남과 북이 서로 다른 정치체제와 경제제도를 배우고 협력해나가는 공간이기도 해요. 남측은 북측의 사회주의 계획경제를, 북측은 남측의 자본주의 시장경제를 이해하고 배울 기회를 가지게 되는 거죠. 두 국가의 체제가 다른데 배워서 뭐하냐고 생각할 수도 있어요. 그런데 이 과정은 남북 모두에게 소중한 경험이 될 거예요.

북유럽의 사회민주주의 정치제도 아시죠? 요즘 남측 사람들이 좋아하고 선망하는 정치시스템이죠. 사회주의와 민주주의의 장점을 합쳐놓은 모델이라고 할 수 있는데요. 만약 남과 북이 따로 살면서 자본주의, 사회주의만 파고들면 새로운 정치·경제 시스템에 대한 상상이 빈약해질 수밖에 없어요. 다른 체제를 경험할 기회 자체를 가지기 어려우니까요. 그렇기 때문에 개성공단을 통해 서로 다른 국가 시스템을 경험하는 것 자체가 대단한 거죠. 국가관이라는 건 결국 공동체가 어떻게 함께 살아갈지에 대한 방법론적 고민인데, 개성공단에서의 경험은 남북이 더 좋은 국가를 상상하는 데 큰 보탬이 될 수 있는 거예요.

구체적인 예를 하나 들어주신다면요.

개성공단에서 14년 동안 남과 북이 함께 살며 서로서로 배운 사례는 많죠. 그중 자본주의경제와 사회주의경제의 기본적인 차이 하나를 예로 들어볼게요. 경제의 가장 기본단

위인 사람의 '노동' 개념부터 다릅니다. 자본주의경제에서 노동은 임금, 즉 돈으로 환산하는 개념이죠? 그래서 일하러 간다는 말을 돈 벌러 간다고 말하기도 하잖아요. 노동뿐 아니라 토지도 돈이고, 건물도 돈, 모든 재화가 돈입니다. 그래서 '자본주의'라고 하는 거죠.

앞서 이야기했듯이 사회주의경제에서는 그런 것들이 돈이 아니에요. 사람의 노동 또한 임금으로 환산되는 게 아닙니다. 북측 사람들은 자신의 노동을 팔아서 임금을 받는다, 돈을 번다는 생각을 하지 않아요. 우리처럼 노동을 사기 위해 고용하고 돈을 벌기 위해 노동을 파는 고용·피고용 개념 자체가 없다고 보면 됩니다. 그럼 무엇 때문에 일할까요? 기업소든, 공장이든, 협동농장이든 그들이 일하는 이유는 그 일이 국가가 자신에게 맡긴 고유한 공적 임무이기 때문이에요. 여기서 국가란 인민위원회나 노동당과 같은 사회적 공동체를 말합니다. 즉 그들의 노동은 자본주의사회의 개인적 노동이 아닌 공동체를 위한 사회적 노동입니다. 직장 일은 사회구성원으로서 국가가 부여한 공적 임무를 수행하는 겁니다. 대신 국가는 그들의 생활을 책임진다고 생각합니다. 우리와는 굉장한 차이가 있죠.

이렇게 다른 점이 명확하게 존재합니다. 그 다른 점들을 배우는 과정이 개성공단에서 일어나죠. 예를 들어 돈을 좀 더 줄 테니 일을 더 하자고 하면, 북측 사람들은 좋아하지 않습니다. 돈의 관점에서 일을 시키려고 했기 때문이에요. 우리 기준에서는 돈을 더 주면 일을 더 시킬 수 있는 게 상식이지만, 그들 기준에서는 돈으로 사람의 노동을 산다는 개념 자체를 몰상식하게 여기고 기분 나빠할 수 있는 문제거든요. 물론 최근에는 북측 내부에서도 시장화가 진행되고 있긴 합니다.

시간과 노동을 팔고 돈을 받는 게 당연한 건 줄 알았는데, 북한 사람들은 다르게 생각하는군요. 그럼 북한 사람들과 함께 일하다가 연장 근무가 필요하면 어떤 식으로 말해야 하나요?

북측에서는 노동의 동기를 부여할 때 물질적인 대가 대신 사회적 책임감과 윤리적·도덕적 의식을 강조해요. 이런 게 우리와 다른 점입니다. 더 구체적인 예를 들어볼게요. 개성공단의 한 기업에서 오후 6시에 퇴근해야 하는 직원들을 불러 놓고 이렇게 말합니다.

"오늘 갑자기 일이 생겨 두 시간 연장 근무를 해야 할 거 같습니다. 일인당 몇 달러씩 더 줄 테니 일 좀 더 합시다."

우리 상식으로는 북측 노동자들은 노동력이고, 노동력은 곧 돈이기 때문에 이 말이 틀린 건 아니에요. 그러나 앞서 말했듯 북측 사람들 기준에서는 이 말이 자신들을 돈으로만 본다고 생각해 싫어합니다. 몰상식한 거예요. 그럼 어떻게 말해야 할까요?

"남측의 원청업체에서 급하게 주문이 들어왔습니다. 이번 일을 잘하면 향후 더 많은 주문을 받을 수 있을 거 같으니, 함께 좀 더 일합시다."

이렇게 함께 더 잘해보자는 책임감을 중점에 두고 이야기하면 바로 이해합니다. 노동해야 하는 이유만 정확히 설명하면 충분히 수긍하는데 모든 것을 돈으로 연결 지으려고 하니까 오해가 생기는 거예요.

북측 근로자에게 개성공단에서 일하는 이유와 가치에 관해 물어보면 대부분 "북과 남의 평화와 통일에 기여하기 위해서"라거나 "민족경제 발전에 기여하기 위해서"라고 대답합니다. 남측 사람들에게 같은 질문을 하면 대부분 돈 벌어 먹고살기 위해서라고 대답할 거예요. 노동에 대한 인식이 다른 거죠. 최근 북측의 경제개혁 조치로 이런 경향이 퇴조하고 있기는 하지만, 여전히 북측 사람들은 모든 것을 돈 중심으로 사고하고 판단하는 것을 매우 낯설어합니다.

이렇게 다른 두 세계가 만나니 개성공단 초기에는 당연히 불협화음이 생겼어요. 서로 몰랐기 때문에요. 하지만 조금 지나면 서로를 알게 되고, 몰라서 오해한 것을 이해하면서 공존하게 됩니다. 사실 우리는 개성공단에서 북측 사람들과 생산과 관련된 말만 했지, 통일이나 평화에 관한 이야기는 하지 않았어요. 남북 간에 군사적 긴장이 생길 때도 우리는 기업의 생산만 보고 일만 하자고 했었죠. 그렇게 생산에만 집중했는데도 개성공단에는 평화가 이미 와있었습니다.

분단 세월 동안 다른 체제와 제도 속에서 살아온 사람들이 같은 공간에서 같은 목적을 향해 함께 일하고 대화하고 밥 먹다 보면, 어느새 대립과 적대는 흐릿해지고 화해와 평화가 와있었어요. 부모님은 잘 계시는지, 자식은 잘 크는지, 어디 아픈 데는 없는지 서로 안부도 묻게 되고요. 개성공단을 보면 남북의 평화와 통일의 길이 보인다는 말은 바로 그런 의미에요. 평화가 그리 거창하고 어려운 일 같지는 않죠? 그래서 저는 개성공단을 **매일매일 작은 평화와 통일의 사례가 발현하고 축적되는 기적의 공간**이라고 말하곤 해요.

개성공단의 가치를 지금까지 너무 모르고 있었네요. 개성공단 가동을 중단했다는 소식을 들었는데, 지금은 어떤 상태인가요?

2016년 개성공단이 중단되기 전까지 125개의 제조기업이 가동 중이었고, 100여 개의 영업소가 있었죠. 북측 노동자 5만 5천여 명에 남측 주재원까지 합쳐 약 6만여 명이 근무했습니다. 누적 생산액은 32억 달러가 넘었었죠. 남북의 약속대로라면 개성공단은 2012년에는 전체 2천만 평 개발이 완료되어 3천여 개 이상의 제조기업이 매년 500억에서 1천억 달러 이상을 생산하고, 약 50만 명 규모의 거대도시가 되어있어야 했어요.
그렇게 되었다면 개성공단은 공단과 상업지역을 포함

해 세계적 수출기지이자 관광특구로서 동북아시아의 평화도시로 자리매김했겠지요. 그러나 현재 개성공단은 계획과는 다르게 1단계 100만 평 개발에 멈춰있고, 그마저도 반절 이상이 빈 땅으로 방치되고 있는 상황이에요. 그러다 2016년에 우리 정부가 전면중단했죠.

개성공단은 평화·경제·안보·통일을 일궈내던 기적의 공간이었어요. 황금알을 낳는 거위가 낙동강 오리알 신세가 되다니 정말 안타까운 일이었죠.

다행히 문재인 대통령과 김정은 국무위원장이 지난 9·19 평양선언에서 "조건이 되는 대로 개성공단을 우선 정상화"하기로 합의했습니다. 이제는 새로운 평화의 파도를 타고 남과 북이 손을 잡고 하루빨리 개성공단을 재개해야 해요. 나아가 제2, 제3의 남북경제특구를 만들어가야겠죠.

서울역이
국제역이 된다면?

얼마 전까지 '헬조선'이란 말이 유행했어요. 유학이나 이민 가고 싶어 하는 친구들도 많고요. 그런데 선생님이 평화를 정착시키면 남북이 경제대국이 된다고 하니 좀 설레면서도 상상이 안 돼요. 우리가 어떻게 경제대국이 될 수 있는 건가요?

여기는 경제분야라 여러분이 이해하기 약간 어려울 수도 있어요. 중간중간 질문을 이어나가 봅시다.

기존 한국경제는 이미 한계 상황입니다. 보통 한 나라의 경제가 완결성 있게 돌아가기 위해서는 자체 인구가 1억 정도는 돼야 합니다. 공장에서 물건을 만들 때 내국인에게만 팔아도 충분한 수익이 난다는 거죠. 인구 5천만의 대한민국에는 충분한 내수시장이 없어요. 그래서 외국으로 눈을 돌린 겁니다. 수출을 통해 타개책을 찾는 거죠. 덕분에 한국은 수출 중심의 경제구조를 유지하며 경제성장을 이뤘죠. 지금도 내수보다 수출 규모가 압도적이에요. 하지만 한계는 있습니다. 우리 경제 수준이 올라감에 따라 예전처럼 저임금 노동력을 활용한 저가 정책을 유지하기 어려워지는 거죠.

우리 한국경제는 분단경제, 즉 '섬나라경제'입니다. 원래 한반도는 대륙과 바다를 잇는 지리적 특성상 역사적으로 오랜 시간 동안 대륙과 연결되는 경제망을 구축해왔어요. 우리 선조들도 대륙국가, 대륙인이라는 인식과 세계관을 지니고 살았었고요. 그런데 지금은 휴전선에 가로막혀 바다를 건너지 않고는 외국으로 못 나가죠. 섬나라 아닌 섬나라가 돼버린 거예요. 경제도 그래요. 분단 때문에 수출도 섬처럼 바닷길을 중심으로 해왔지요. 이런 경제구조를 섬나라경제, 분단경제라고 합니다.

OECD는 한국이 현재의 분단 상태를 지속할 경우 2031년에는 경제성장률이 0퍼센트대로 떨어진다고 발표했어요. 한국이 안고 있는 장기적인 구조적 저성장 문제는 전 세계적 불황의 여파도 있지만 분단 체제에 큰 원인이 있습니다. 새로운 돌파구를 찾는 데 분단이 결정적인 걸림돌이 되는 거죠.

한반도가 남과 북으로 나뉘어 서로 교류할 수도 없고, 경제적인 협력도 전혀 기대할 수 없는 분단경제 속에서는 더 이상 성장이 불가능합니다. 남북이 함께하지 않으면 내수시장 규모도 확대할 수 없고요. 지금 이대로라면 앞으로도 한국경제는 구조적으로 저성장에 갇혀있을 수밖에 없죠. 분단과 휴전선에 가로막혀 북측뿐 아니라 유라시아 대륙의 중국, 러시아 등 북방경제를 활성화할 수 있는 길도 막혀버리고요. 대륙과 해양을 연결하는 반도로서의 강점을 전혀 살리지 못하는 겁니다.

지금 이대로라면 경제성장률이 0퍼센트가 된다니, 당황스러운데요.

그렇죠? 이대로 가선 안 됩니다. 전혀 방법이 없는 걸까요? 아닙니다. 오히려 우리에게는 지난 70년간 팽개쳐두던 엄청난 기회가 있습니다. 남북경협은 이 많은 문제를 해결해줄 수 있는 대안이고 해답이에요. 여러분도 아는 세계적 투자은행 골드만삭스는 2009년에 "남북이 평화로 가게 되면 2050년에는 통일 한반도의 국민소득이 8만 7천 달러(한화 약 9,369만 원)로 미국에 이어 세계 2위의 경제대국이 될 것"이라고 예상한 바 있습니다.

남북이 평화를 정착시키면 분단체제에 갇혀있던 섬나라·분단 경제를 평화경제로, 대륙과 해양을 잇는 지리경제학 중심의 허브경제, 대륙경제로 탈바꿈시킬 수 있다는 이야기예요. 이유를 불문하고 남북경협을 해야 하는 이유죠.

미국을 잇는 세계 2위의 경제대국이라니. 어마어마하네요. 남북경협과 통일이 남측의 저성장 경제구조를 바꿀 수 있다는 이야기군요. 하지만 어떻게요?

혹시 **한반도 신경제지도**라는 말 들어본 적 있나요? 경제교류를 통해 남측이 북측과 북측 너머의 유라시아 대륙, 중국 대륙과 이어지는 것만으로도 엄청난 경제권이 만들어질 수 있어요. 북방경제권이라고 하죠. 한반도 전체에 'H' 형태의 새로운 경제지도가 그려지는 겁니다. 좌측의 환서해 경제벨트, 우측의 환동해 경제벨트 그리고 이 두 갈래 길을 잇는 남북 접경지역의 DMZ 평화벨트까지, 총 세 개의 커다란 경제권이 한반도에 형성되는 거죠.

한반도 신경제지도 구상은 남북이 평화경제를 구현한다는 점을 전제로 합니다. 남과 북이 손잡고 경제협력을 하게 되면 우리는 철도나 도로를 이용해 곧바로 중국과 러시아 대륙으로 나아갈 수 있어요. 남북경협을 중심축으로 한반도가 동북아시아 경제의 중심으로 도약하겠다는 이야기죠. 그렇게 되면 경제권 자체가 확장되고 대륙으로 나아가는 역동적인 경제구조가 됩니다.

남과 북이 경제협력을 하는 것만으로 그렇게 큰 경제적 효과를 낼 수 있다니, 상상이 잘 안 돼요.

그럴 수 있어요. 같이 생각해봅시다. 남측의 자본과 기술이 북측의 토지와 노동력을 만나는 개성공단 같은 모델이 더욱 발전하여, 북측의 자원과 적정기술이 남측의 세계적 영업망과 결합하는 모델이 나오면 어떻게 될까요? 지난 20년간 지속해온 구조적 저성장 문제를 극복할 뿐더러, 청년 일자리 문제도 해소할 겁니다.

그게 어떻게 가능할까요? 앞서 한국경제는 수출 중심의 경제구조라고 했죠. 한국경제가 어째서 구조적 저성장에 봉착했냐 하면, 중국경제가 우리 경제를 수출에서 압도했기 때문이에요. 우리 상품들이 중국 상품에 밀려 수출이 안 되기 시작하면서 구조적인 저성장이 시작된 거죠. 만약 남과 북이 평화경제로 가게 된다면 경쟁력에서 중국을 압도할 가능성이 큽니다. 개성공단의 경험이 그것을 증명해요.

단언컨대 개성공단의 경쟁력은 세계 최고예요. 개성공단과 같은 남북경협은 한마디로 전 세계 어느 나라보다도 우월한 경제적 비교우위를 낳습니다. 어떻게 아냐고요? 우리가 개성공단에서 직접 남북경협을 해보았기 때문에 확실하게 말할 수 있습니다. 개성공단 모델을 두 개, 세 개 확장하는 것이 바로 남과 북이 경제협력을 확대하는 거예요. 제조업과 같은 2차 산업뿐 아니라 3차, 4차 산업까지 범위를 넓혀갈 수 있죠. 그러면 쉽게 중국을 추월할 수 있어요.

그뿐만 아니라 남북경협은 국가경제 규모 자체를 크게 만듭니다. 남과 북 모두 국가경제 전체가 번영하게 되는 겁니다. 청년실업 문제가 심각하지 않습니까? 국부가 늘어나면 직접적으로는 여러분의 일자리가 많아지고, 질적으로도 더 좋은 일자리를 만들게 되는 거예요.

그렇군요! 남북경협을 통해 막대한 경제적 이익도 얻고, 일자리 문제도 해소할 수 있는 거네요. 아까 한반도 신경제지도라는 것이 새롭게 그려진다고 하셨잖아요. H 형태의 환동해, 환서해 경제벨트 그리고 DMZ 평화벨트는 무엇인가요?

먼저 환동해경제권부터 얘기해볼게요. 환동해경제권은 남측과 북측, 러시아 그리고 일본을 연결하는 커다란 고리입니다. 환이라는 글자가 한자로 '고리 환環'자예요. 부산과 설악산, 금강산과 원산, 함흥 등을 거쳐 러시아의 블라디보스토크와 일본의 니가타를 포함하는 에너지·자원 벨트죠. 북측과 러시아의 풍부한 가스, 철광석 등의 천연자원을 공동개발하자는 겁니다.

배경 설명이 필요할 것 같네요. 우리나라가 엄청난 가스수입국인 건 알고 있나요? 2017년 기준, 일본에 이은 세계 2위 가스수입국입니다. 자체적으로 가스 발굴이 불가능하기 때문에 말레이시아, 브루나이, 오만, 카타르 등에서 전량 수입해오지요. 구글 맵을 켜고 앞서 말한 국가들의 위치를 확인해보세요. 동남아시아, 중동 등 모두 멀리 있죠? 우리나라는 가스 수입도 수입이지만 물류비로도 엄청난 돈을 쓰고 있다는 뜻입니다.

하지만 환동해경제권을 통해 러시아와 북측의 천연가스를 남측에서 수입할 수 있다면 어떨까요? 현재 대비 가스비가 최대 1/4까지 줄어든다는 계산이 나옵니다. 그만큼 러시아의 가스는 저렴하고 또 우리와 가까워 물류비를 아낄 수 있습니다.

예를 들어볼게요. 서울과 원산을 연결하는 철도인 경원선이 복원되면, 러시아에서 가스를 구매해 원산을 거쳐 서울에서 바로 받을 수 있습니다. 남측은 단시간에 저렴한 가스를 공급받을 수 있고, 북측은 연간 1억 달러 정도의 통과료를 받으며, 러시아는 천연자원을 판매할 수 있죠. 모두가 윈윈하는 전략이에요. 철광석을 비롯한 지하자원도 마찬가지입니다.

사람이 모이는 곳엔 돈과 일자리가 생깁니다. 환동해경제권의 파급효과가 거세질수록 세 나라를 누비는 글로벌 에너지 전문가가 더 많이 필요해질 겁니다. SK나 한화 등 대기업은 이미 동남아시아의 에너지산업 수주를 통해 엄청난 수익과 고용창출을 이뤄내고 있어요. 그런 일이 이제는 환동해경제권에서 일어날 차례지요. 어때요, 여러분에겐 정말 좋은 기회이지 않나요?

한 번쯤은 한국을 발판 삼아 외국에서 일해보고 싶은 제게 솔깃한 이야기네요. 그럼 환서해경제권과 접경지역 DMZ 벨트는 어떤 거예요?

환서해경제권은 중국과 남북을 연결하는 산업, 물류 벨트입니다. 생각해보세요. 중국은 엄청난 인구와 탄탄한 경제발전으로 전 세계의 주목을 받는 국가입니다. 더구나 아시아 대륙의 중심부에 위치해 있어 한반도가 유라시아 대륙으로 뻗어나가기 위해서는 꼭 협력해야 하는 국가예요.

현재 우리가 사용하는 대다수 공산품은 중국에서 해로를 통해 수입되고 있는데요. 목포, 인천, 개성, 평양, 신의주 그리고 중국의 대련을 잇는 환서해경제권을 통하면 더 빠르고 저렴한 물류비로 물건을 수입할 수 있게 됩니다.

그뿐만 아니라 중국횡단철도TCR, 시베리아횡단철도TSR, 몽골횡단철도TMR 등 이미 유라시아 대륙을 종횡무진 달리는 철도를 한반도와 연결할 수 있게 되지요. 지금 남측의 철도는 분단 때문에 북을 거쳐 대륙으로 나아갈 수가 없잖아요. 그런데 앞으로는 서울역에 국제선 플랫폼이 들어서게 됩니다. 서울역에서 중국으로, 러시아로, 유럽으로 가는 기차표를 살 수 있게 되는 거죠.

이렇게 되면 일본과 호주도 우리 인프라를 사용하게 될 겁니다. 이 두 나라는 환서해경제권에 관심을 보일 수밖에 없거든요. 일본이나 호주에서 유럽까지 선박으로 화물을 운반할 경우 보통 45일이 걸립니다. 해적을 만날 염려도 있고요. 하지만 해로가 아닌 철로를 이용하게 되면 훨씬 신속하고 안전하게 운송을 담보할 수 있어요. 이들의 대중국·대유럽 수출량을 생각하면, 이 모두가 우리에게 새로운 기회가 된다는 사실이 자명하죠?

앞서 말한 환서해경제권과 환동해경제권이 2차 산업이라면, 접경지역 DMZ벨트는 평화·관광·생태·환경 등을 키워드로 한 3차 산업입니다. 특히 DMZ(Demilitarized zone, 비무장지대)는 약 70년 간 인간의 발자취가 전혀 닿지 않은 생태의 보고 같은 곳이에요. 전쟁 덕분에 인간으로부터 보호받게 된 굉장히 아이러니한 곳이죠. DMZ에 대한 외국 관광객들의 관심은 대단합니다. 20세기 이후 한반도의 냉전체제를 상징하는 묵은 유산이기 때문입니다. DMZ를 비롯한 금강산-설악산 관광벨트까지 '평화'를 중심으로 한 새로운 여행 트렌드를 만들어내고, 관광 수입을 창출할 수 있겠죠.

지중해에서는 이탈리아가 경제의 중심 역할을 하죠. 동북아시아를 지중해와 같은 바다로 본다면 한반도가 주변 국가들을 연결하는 경제의 중심지 역할을 할 수 있어요.

엄청 기대돼요! 경제벨트가 제대로 꾸려지기 위해서는 무엇이 필요할까요?

가장 중요한 건 도로와 철도 같은 인프라입니다. 개성

공단 폐쇄 이후로 끊겼던 길만 다시 복원한다면 사람, 물건, 자원이 오가는 건 일도 아닙니다. 조금 슬픈 비유이지만, 제국주의 국가들이 식민국가를 지배하기 위해 가장 먼저 한 일이 철도와 도로 건설이잖아요. 길이 있어야 사람과 물자가 구석구석 이동할 수 있으니까요. 철도는 곧 산업의 혈맥이라고 할 수 있죠.

일제강점기 때 일제가 가장 먼저 한 일도 한반도 전역에 철도망을 건설하는 일이었어요. 부산부터 신의주까지 이어진 기차가 만주와 러시아로 연결됐죠. 그래서 남북 정상들은 모두 남북경제교류의 첫 단추가 철도와 도로 연결임을 잘 알고 있습니다. 남북이 경의선·동해선 철도와 도로를 복원하는 것만 봐도 그렇죠.

여러분, 교과서에서 '철마는 달리고 싶다'는 사진을 한 번쯤 봤을 겁니다. 일제강점기 때 마라토너 손기정 선수가 1936년 독일 베를린 올림픽에 참가하기 위해 부산역에서 기차를 탔습니다. 부산-서울-평양-신의주-단둥-하얼빈-모스크바-바르샤바를 거쳐 베를린으로 갔죠. 여러분, 조만간 서울역이 국제역이 된다는 상상을 해보세요. 기차, 자동차, 자전거 혹은 걸어서 북을 거쳐 유라시아 대륙 어디든지 갈 수 있게 됩니다.

약 80년 전에도 부산역·서울역을 거쳐 대륙으로 기차를 타고 갔어요. 독립운동가들이 기차를 타고 만주와 러시아 대륙으로 이주해서 항일독립운동 기지를 구축했고, 조선 말

일제 치하에서 먹고살기 어려웠던 사람들도 새로운 기회를 찾아 대륙으로 갔어요. 북으로 가는 철도와 도로를 복원하는 일은 한반도가 오랜 시간 바라온 대륙과의 연결망을 복원하는 일이기도 합니다.

드넓은 유라시아 대륙이 우리의 실질적인 삶의 무대가 되면 상상력의 지평 또한 어마어마하게 확장되겠죠. 기차를 타고 북으로 교환학생을 가고, 개마고원에서 북의 청년들과 록페스티벌을 즐기고, 함께 유라시아 횡단열차를 타고 몽골로, 바이칼호로 휴가를 떠나게 된다면? 상상만으로도 가슴 설레지 않나요?

요즘엔 기술이 워낙 발달해서 길을 보수하는 건 일도 아닙니다. 길을 연결하는 것을 시작으로 남북이 24시간 언제든지 연락할 수 있는 공동연락사무소 설치, 우리 방송사의 평양지국 설립 허가, 개성공단 재개 등 다양한 남북교류가 속력을 내게 될 겁니다. 여러분의 삶과 밀접하게 연결된 일이니 관심을 가지고 지켜보면 좋겠어요.

와, 신기해요! 지금처럼 지속해서 남북교류가 진행되면 그런 상상들이 현실이 될 날이 오겠네요. 그날이 빨리 왔으면 좋겠어요.

통일하면
'존버'
그만해도 됩니다

선생님, 그런데 '존버'라는 말 들어보셨어요? 취업준비 생들 사이에서 유행하는 말인데 '존나 버티자'는 뜻이에 요. 그만큼 저희는 요즘 뭔가를 나눌만한 여유가 없는 거 같아요. 비싼 대학등록금, 청년실업, 주거난 등을 생각하 면 벌써 살길이 막막하고요. 한반도 신경제지도 구상이 희망찬 그림이긴 한데 그렇게 되려면 우리가 북을 많이 지원해줘야 하는 거 아닌지, 통일시대를 살아가게 될 우 리만 그 부담을 감당하느라 지금보다 더 팍팍하게 살아가 야 하는 건 아닌지 걱정돼요.

충분히 할 수 있는 걱정이에요. 이야기를 시작하기 전에 한 가지 질문을 던져볼게요. 2018년 올해부터 당장 남북이 경제교류를 시작해서 점차 하나의 경제공동체를 이뤄간다고 상상해봅시다. 통일한반도의 GDP 수치를 나타내는 그 래프는 어떻게 그려질까요? 1번, 수직 상승한다. 2번, 교류를 시작한 직후에는 수직 하강하고 먼 미래에 수직 상승한다. 3번, 하강한다. 한번 예측해보세요.

정답은? 1번입니다. 많은 사람이 초기에는 남측이 가난한 북측을 도와줘야 하기 때문에 사는 게 더 어려워진다고 생각해요. 사실 그렇지 않습니다. 저만 하는 이야기가 아니에요. 골드만삭스도 남북이 경제교류를 시작하고 하나의 경제공동체를 지향해가게 되면, 1인당 국내총생산 수치인 GDP가 매년 수직 상승해 2050년에는 미국에 이어 세계 2위를 차지할 것이라는 결과를 내놓았잖아요. 세계 최고의 투자은행이니 누구보다도 정확히, 새로운 투자 아이디어를 발굴하는 게 그들의 일이죠. 그만큼 공신력이 있다는 뜻이에요. 앞에서도 한번 이야기했죠?

워런 버핏과 함께 세계 3대 투자 거물로 꼽히는 짐 로저스는 최근 인터뷰에서 "이제 한국으로 이사 가야 할지도 모르겠다" "모든 재산을 북한에 투자하겠다"고 말했어요. 남과 북이 경제협력과 교류를 시작하면 한반도가 중국과 인도를 제치고 가장 높은 경제성장률을 이뤄낼 것이고, 앞으로 최소 10년에서 20년은 한국어가 중국어보다 더 '핫hot한' 언어가 될 것이라는 게 그의 예측입니다. 솔깃한 소식이죠.

한국은행에 따르면 2014년 기준 북측의 1인당 국민소득은 139만 원 수준이었어요. 같은 해 한국의 국민소득

(2,968만 원)의 5퍼센트도 안 되는 수준이었죠. 북측은 매년 플러스 성장세를 기록하지만, 여전히 남북의 1인당 국민소득 격차는 약 40배 정도 돼요. 그런데 어째서 전 세계의 투자 전문가들은 남과 북의 경제협력에 대해 낙관적인 전망을 하는 것일까요?

남과 북의 소득 격차를 메우는 데 모든 돈을 낭비해야 하는 가정으로는 예측할 수 없는 결과입니다. 골드만삭스 보고서에 나와있듯이, 2050년 통일한반도의 1인당 국민소득이 8만 달러가 넘는 건 현재 남과 북의 국민소득을 다 합치고도 두 배 이상 올라간다는 뜻이에요.

그게 정말 가능한가요?

딱 한 가지만 기억하면 좋겠어요. 남북 경제교류의 핵심은 **유무상통**有無相通의 원칙을 지키는 겁니다. 있을 유有, 없을 무無, 서로 상相, 통할 통通. 서로 있는 것과 없는 것을 나누며 공동의 이익과 번영을 누린다는 뜻입니다. 노무현 대통령과 김정일 국방위원장의 10·4 선언에서도 '남과 북은 민족경제의 균형적 발전과 공동의 번영을 위해 경제협력 사업을 공리 공영과 유무상통의 원칙에서 적극 활성화한다'고 분명히 밝히고 있습니다. 애초에 어느 한쪽이 다른 쪽을 일방적으로 돕거나 도움받는 형태는 불가능할뿐더러 생각조차 하지 않는 거죠.

유무상통의 원칙, 기억할게요. 남측은 북측에 자본력과 기술력을 나눌 수 있을 거 같아요. 그럼 남측에는 없고 북측에만 있는 건 뭔가요?

맞아요. 우리에겐 뛰어난 기술력과 자본력이 있어요. 한반도 신경제지도 구상에서처럼 인프라 건설을 할 때 중요한 역할을 할 수 있겠죠. 북측에는 양질의 노동력과 풍부한 지하자원이 있고요. 모르는 사람이 많을 텐데, 북은 세계적인 자원 강국입니다. 2016년 5월, 영국의 경제주간지 이코노미스트에서 북측이 지닌 지하자원의 경제 가치가 10조 달러(약 1경 1700조 원)에 달한다고 발표했어요. 이외에도 여러 기관이 북측의 자원매장량을 추정하여 발표하는데, 4천조 원이라는 곳도 있고 7천조 원이라는 곳도 있고 다양한 의견이 나옵니다. 분명한 사실은 북측이 상당한 수준의 주요 지하자원을 보유하고 있다는 겁니다.

상당한 규모의 석유도 매장되어 있다고 해요. 자원의 종류도 다양하고 양도 풍부하지만, 기술력이 부족해 있는 자원을 제대로 활용하지 못하는 실정이죠. 우리는 매년 기름값 인상 때문에 골머리를 앓고 있는데 남의 기술과 북의 자원이 만나면 엄청난 경제적 시너지 효과를 낼 수 있겠지요.

또 북측은 지금까지 자급자족 자립경제를 추진해왔기에 에너지 자립에 관심이 많습니다. 그럼 우리는 발전소를 지어주고, 그만큼 북측에서 자원을 가져올 수 있겠죠. 러시아는 이미 2014년 10월에 북측과 업무협약을 체결했어요. 북측 철도 5천 4백 킬로미터 중 3천 7백 킬로미터를 개보수, 현대화하는데 러시아가 250억 불을 투자하기로 한 거죠. 흥미로운 점은 투자를 먼저 하지 않고 러시아가 북측의 자원을 받아서 외국에 그 자원을 판 대금으로 공사를 진행한다는 거예요. 러시아 입장에서는 손 짚고 헤엄치기인 셈이죠.

사실 러시아가 북측과 한 사업은 2007년 10·4 선언 당시 남북이 함께 하기로 했던 사업이었어요. 남측이 국제적 컨소시엄을 형성해서 북측의 도로·철도·항만·발전소와 같은 사회기반시설을 건설하기로 하고, 그 대가로 북측의 자원을 공동개발하거나 북측에 아예 제련소를 만들어 자원을 가공하고 부가가치를 높여 판 다음 이익금을 나누는 거죠.

그런데 이명박 정부가 들어서면서 10·4 선언을 부정했고, 박근혜 정부로 이어지면서 남북관계가 악화됐어요. 10년 동안 아무것도 할 수 없었죠. 그 사이에 미국의 눈치를 보지 않는 중국과 러시아가 북측과 자원협력을 강화해서 큰 이득을 보게 됩니다. 우리가 분단에 갇혀 남북경협을 중단하고 한 발짝도 못 나가고 있을 때 중국과 러시아 등 주변 국가들이 그 이득을 챙겨 가는 참으로 어처구니없는 상황인 거죠.

이렇게 북측은 외국투자를 받고 싶어 합니다. 2011년부터는 경제개혁 조치들을 법제화했어요. 경제번영을 위해서죠. 북측이 미국과 전쟁종식, 즉 종전을 선언하고 평화협정을 체결하고자 하는 이유도 결국 경제적으로 잘 살고 싶기 때문이에요.

우리에게 북측은 30년, 40년간 지속가능한 경제적 기회예요. 제가 지난해 이런 연구를 했어요. 북측 도로를 남측 도로율의 70퍼센트까지 끌어올리려면 약 20~30년이 걸립니다. 북측은 국가가 땅을 소유하기 때문에 토지수용비도 따로 필요 없죠. 북측의 노동력을 그대로 쓴다는 가정하에 도로를 건설할 경우 단순 시설비, 건설 기자재비만 해도 수십 년 간 유지되는 수백조 원의 시장이 생기는 겁니다. 이 시장성은 1980년대 초반 중동건설 특수의 수십 배에 달합니다. 국내 도로 건설 시장은 연간 9조 원밖에 안 돼요. 경제적으로 엄청난 잠재가치죠.

대한민국의 주요 건설사나 토목회사들이 북에 계속 가고 싶어 하는 이유이기도 합니다. 더불어 북에는 1,700만 명에 달하는 우수한 노동력이 있습니다. 사회주의 국가 특성상 교육수준도 높아요. 개성공단 사례에서 본 것처럼 임금경쟁력도 우수하고요. 초반에는 대북제재 때문에 제조·유통업 중심으로 경제협력을 할 테지만, 점차 전 영역에서 이뤄질 거예요.

남과 북이 긴밀하게 협력할 수 있는 분야에는 과학기술 분야도 있습니다. 북에 무슨 과학기술이 있나 싶겠지만, 북은 자체적으로 인공위성을 개발할 정도로 특정 분야에 뛰어난 기술력을 보유하고 있습니다. 특히 군사, 기계금속, 우주항공 분야를 특화해서 상당한 과학기술력이 있어요. 남측의 과학기술과 좋은 시너지를 낼 수 있을 겁니다.

앞서 이야기했듯 남북의 경제협력은 단기적인 이익을 내는 데 그치지 않아요. 경제 규모 자체를 크게 만듭니다. 한마디로 함께 나눌 수 있는 파이의 크기가 커지는 거죠. 우리 경제 규모는 한반도의 범위를 넘어서 유라시아 대륙까지 확장될 겁니다.

결론적으로 남북이 경제적으로 협력하면 지금까지 어떤 나라도 경험하지 못한 폭발적인 경제번영을 만들 수 있어요. 이미 우리뿐 아니라 중국, 러시아, 일본, 미국, 싱가포르 등의 주변국들도 통일한반도에 투자할 기회만 바라보고 있어요. 어때요, 이제 골드만삭스와 짐 로저스가 예측한 내용이 타당해 보이나요? 앞서 한 걱정은 하지 않아도 되는 거예요.

굉장한 이야기네요. 그런데 남북 경제교류로 국내총생산과 국민소득을 올리는 것 말고, 당장 제가 더 좋은 삶을 사는 덴 어떤 도움이 될까요?

좋은 질문이에요. 우선 내가 좋은 삶을 살 수 있어야, 남북이 열어갈 평화시대도 의미가 있는 거겠죠. 여기서 한 가지 짚고 넘어가자면, 남북이 공동으로 누리게 될 경제적 번영은 모두 평화를 전제로 합니다. 남북이 서로 싸우지 않고, 평화로운 한반도를 만들어나가는 과정이 곧 경제협력을 해나가는 과정인 거예요. 그러니 우선 국방과 관련된 인적·재정적 비용부담이 꽤 줄어들게 됩니다. 현재 남북의 군사 규모는 합쳐서 180만 명에 달합니다. 남북이 평화를 전제로 경제협력을 하면 이렇게 거대한 군사력도 필요하지 않고, 양측을 합쳐 약 30~40만 명이면 충분할 거예요. 매년 48조 원에 달하는 국방비도 많이 줄겠죠. 징병제를 모병제로 바꾸면, 청년들이 21개월을 꼼짝없이 군대에서 보내는 대신 더욱 생산적인 분야에 종사할 수 있을 겁니다.

북을 적으로 상정하여 국방을 유지하고 강화하는 데 썼던 비용도 다른 곳에 쓸 수 있게 됩니다. 2015년 국방예산에는 차기 전투기 도입 사업에 약 7조 원이 책정되었어요. 그런데 전국 대학생의 반값 등록금을 지원하는 예산도 약 7조 원입니다. 또 2023년까지 미사일 개발에 책정된 예산은 약 17조 원이에요. 65세 모든 노인들에게 월 20만원씩 기초노령연금을 주는 총 예산도 약 17조 원이고요. 국방예산 삭감분만큼 국민에 대한 사회복지비가 크게 늘어나는 겁니다. 국민이 행복해지겠죠.

앞으로 남북의 군사적 긴장이 해소되면 새로운 미사일을 사들일 이유가 없겠죠. 군비를 줄이고 사회복지비를 늘임으로써 우리 사회가 더욱 풍요로운 복지국가로 나아가는 겁니다. 사회안전망의 보호 속에서 누구나 자존감을 지킬 수 있는 복지국가 말이에요. 주거난을 해소하기 위해 공공주택을 더 마련할 수도 있고, 통일한반도의 국민소득이 껑충 뛴다면 북유럽처럼 기본소득 제도를 실험할 수도 있겠죠. 이렇게 평화는 삶의 질을 실질적으로 변화시키는 겁니다.

너무 좋아요! 그렇게 된다면 지금보다는 덜 불안할 거 같아요.

저도 우리가 조금 덜 불안한 세상에서, 더 풍요로운 삶을 살 수 있기를 바랍니다. 그런데 지금까지 한 모든 이야기는 한반도의 평화를 기반으로 한 예측들이에요. 그래서 저는 평화 없는 대한민국은 비정상적인 섬나라라고 늘 이야기합니다.

다시 한번 강조하자면 분단은 땅만 가른 게 아니에요. 사람도 가족도 공동체도 갈랐고, 한반도에서 살아가는 여러 사람의 인식 속에 분단을 구조화했어요. 다소 어렵게 들리겠지만 우리 사회 도처에서 일어나는 여러 비상식적이고 비정상적인 일들은 사실 구조화된 분단체제에서 기인한다고 볼 수 있어요.

그러니 우리가 사는 나라를 헬조선이라 부르며 탈남을 꿈꿀 수밖에 없게 된 거죠. 희망도 없고 탈출구도 없어서 여러분들의 말처럼 존버 할 수밖에 없는 구조가 되었고요. 하지만 한반도에 평화체제가 정착하면 우리 삶의 질이 근본적으로 바뀌게 될 거예요. 북을 적대시하는 데 소모한 에너지와 자본을 자신과 자기 삶, 그리고 우리 공동체를 돌보는 데 쓸 수 있을 테니까요.

남북이 경제적으로 힘을 합치려 해도 결국 평화가 우선되어야 하는 거네요.

맞아요. 남북경제협력의 최종 목표가 경제적 이익만을 추구하는 게 아니에요. 분단시대를 끝내고 평화를 구현하기 위해 경제협력을 하는 거죠. 중국과 대만이 연간 2천억 달러의 경제교류를 하며 냉전의 벽을 허문 것처럼, 남과 북도 경제적으로 협력하는 과정에서 서로 만나게 되면 알게 되고 함께 평화롭게 살게 됩니다.

사람과 물자, 제도의 격차가 해소되고 장애물을 하나씩 제거해가는 과정에서 '하나의 시장'이 조성되는 거예요. 이를 매개로 남북은 사회주의와 자본주의가 결합한 새로운 경제공동체, 생활공동체, 문화공동체를 꾸려나갈 것입니다. 누구도 그 흐름을 막을 수 없어요.

앞서 이야기한 한반도 신경제지도 기억하지요? 핵심은 남북을 평화경제이자 하나의 경제공동체로 전환한 다음 동북아를 평화와 경제의 공동체로 묶자는 거예요. 그 중심에 한반도가 있죠. 이 구조가 안정적으로 지속하려면 동북아 전체에 평화의 기운이 돌아야 합니다. 결국 남북경제협력은 유무상통의 원칙에 따라 항구적인 평화체제를 정착시켜가는 과정이라고 할 수 있어요.

남북경제협력만 잘해도 한반도에서 건강한 일상을 꾸릴 수 있다는 거네요. 희망이 생기는 기분이 들어요.

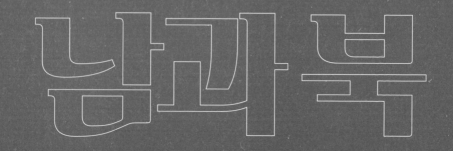

우리 정말
함께 살 수
있을까?

통일은
생각하지 마

앞으로 남과 북이 함께 할 수 있는 일이 많아지면 지금보다 살기 좋은 세상이 온다는 건 이제 알겠어요. 그런데 한편으론 북이 통일하기 위해 전쟁을 일으킬 거라는 말도 있거든요. 전 아직 연애도 못 해봤는데 혹시라도 통일전쟁이 나면 어떡하죠?

아직 연애도 못 해봤는데 전쟁까지 나면 정말 억울한 일이죠. 땅도 좁아서 마땅히 도망칠 곳도 없는데 말입니다. 전쟁은 다 함께 죽는 겁니다. 우리가 전쟁을 일으켜서 북측을 흡수할 생각이 없듯이, 북측도 마찬가지예요. 북측이 적화통일, 즉 남측을 무력으로 통일해서 공산화할 거라는 주장은 분단체제가 만들어낸 허구입니다. 이런 생각을 이른바 '적화통일론' 혹은 '흡수통일론'이라고 하는데요, 분단체제를 심화하기 위한 반공·반북 이데올로기일 뿐입니다. 분단체제 속에서 통일에 대한 내용과 정보를 왜곡함으로써 거짓말을 생산해서 국민들이 잘못된 생각을 하게 만든 거예요. 사실이 아닌데 분단의 유령처럼 존재하면서 공포심과 두려움을 불러일으키는 기죠. 그러니 진짜 통일이 무엇이고 어떤 절차와 과정으로 하는 건지 우리 모두 정확히 알 필요가 있어요.

여러분, 어떻게 통일을 할 수 있을지 방법을 생각하기 전에 통일이란 무엇인지 한 번 더 생각해봅시다. 통일이 뭘까요? 앞서 말했듯이 평화가 곧 통일입니다. 평화란 남과 북 사이의 적대관계와 군사적 긴장이 구조적으로 사라진 상황을 말하는데 그것이 실질적인 통일의 개념이라는 겁니다. **평화통일은 우리의 헌법정신**이기도 해요.

> 대한민국은 통일을 지향하며, 자유민주적 기본질서에 입각한 평화적 통일 정책을 수립하고 이를 추진한다.
>
> _대한민국 헌법 제1장 제4조

대한민국 헌법은 왜 평화와 통일을 지향하고 있는 걸까요? 모든 국민이 행복하게 살아야 하기 때문이죠. 즉 평화와 통일이 행복의 토대라는 겁니다. 반대로 국민을 불행하게 하는 통일이라면 단호히 거부해야 합니다. 평화적 방법이 아닌 통일은 국민들을 불행하게 할 뿐입니다. 안타깝게도 대한민국의 국가 공식 통일방안과 그것을 뒷받침하는 헌법정신이 무려 30년 동안 엄연히 존재해왔다는 사실 자체를 국민들 대부분이 몰라요. 참으로 비정상적인 일이죠.

정말 이상하지 않나요. 왜 우리 국민들은 30년이나 된 국가 공식 통일방안의 존재 자체를 모를까요? 간단해요. 가르치지 않아서 그래요. 분단은 체제로써 통일을 가르치지 않아요. 통일의 필요성은 물론이고 국가의 공식 통일방안을 가르치지 않았어요. 분단과 통일, 북한을 금기의 영역이자 두려움의 영역으로 가두었고 결국 국민들을 무지하게 만들었죠.

생각해보세요. 외국의 많은 사람들이 평양국제마라톤 대회에 참가해 평양 시내를 달리고 북측 주민들과 하이 파이브를 하며 축제를 즐기는데, 유독 우리만 북녘땅에 발도 들여놓지 못하고 있어요. 유튜브만 검색해봐도 외국 여행자들이 평양 거리와 북측 사람들을 찍은 브이로그를 손쉽게 찾아볼 수 있는데 말입니다. 여러분 중에 북으로 전화 걸 수 있는 사람이 있나요? 카톡 친구 중에 북에 사는 사람은요? 전 세계 최고의 통신망을 자랑하는 대한민국이지만 북으로는 전화도 못 걸고 카톡도 못 해요. 궁금해도 묻지 못하고, 매일같이 북이 전쟁을 일으킬 거라는 뉴스만 듣고 살았으니 모든 국민이 통일방안조차 제대로 모르는 **북맹**이 된 건 당연해요.

심지어 북에 대해 제대로 아는 게 없는 북한 전문가들도 부지기수예요. 북에 관한 온갖 거짓정보가 난무하고요. 분단언론이 왜곡된 사실을 진실인양 보도해도 아무도 정정

할 수 없는 것이 분단이에요. 역시 비정상적인 일이죠.

오랫동안 저는 '행복한 평화, 너무 쉬운 통일'이라는 강의를 해왔는데요. '행복한 평화'는 와닿는데 '너무 쉬운 통일'은 이해가 안 되죠? 몰라서 그래요. 통일은 알면 쉬운 거고 모르면 죽었다 깨어나도 안 되는 거예요. 70년간 분단체제를 지속해오면서 북에 대해 온갖 오해와 편견이 쌓여왔기 때문에, 통일은 어디서부터 어떻게 해야 할지 막막할 거예요. 아는 것도 없는데 갑자기 통일을 생각하면 머리 아프죠.

맞아요. 저도 선생님과 이야기하기 전에는 통일이라고 하면 정말 막막하고 불가능한 일로 느꼈어요. 꼭 필요하지도 않은 일 같았고요. 우리나라의 공식 통일방안이 '민족공동체 통일방안'이죠? 앞에서 잠깐 들어서 기억하고 있어요. 좀 더 자세한 설명을 듣고 싶어요.

그럼 한 걸음 더 들어가 볼까요? 맞아요. 대한민국의 국가 공식 통일방안은 '민족공동체 통일방안'이에요. 1989년 노태우 정부 때 '한민족공동체 통일방안'을 수립했어요. 이 통일정책을 아예 국가적 통일방안으로 명문화, 입법화하기 위해 국회에서 비준을 받아 국가의 공식 통일방안으로 공포했죠. 1994년 김영삼 정부가 명칭을 살짝 수정해서 '민족공동체 통일방안'이라고 했죠. 그 이후 민족공동체 통일방안은 우리 국가의 공식 통일방안 지위에서 내려온 적이 없어요.

노태우 정부 이후 김영삼·김대중·노무현·이명박·박근혜 정부를 거쳐 현재 문재인 정부에 이르기까지 30년 동안 국가의 공식 통일방안으로 존재해왔습니다. 현재 문재인 정부가 추진하는 모든 대북정책도 어디서 갑자기 튀어나온 게 아니라, 민족공동체 통일방안에 입각해 추진하고 있는 거예요.

민족공동체 통일방안은 통일을 1단계 화해협력에서 2단계 남북연합을 거쳐 3단계 완전통일까지 가는 세 단계로 보는 점진적 통일방안입니다. 평화가 길면 길수록 좋아요. 우리는 통일 그러면 하루아침에 휴전선이 허물어지고, 남북이 순식간에 하나의 체제와 제도를 이루어 완벽히 하나가 되는 상황을 상상하잖아요. 그런 통일은 없다고 해도 무방해요. 전쟁 말고 그런 통일은 없어요. 앞서 말했듯 통일은 남과 북의 모든 공동체 구성원들이 함께 행복하기 위해 하는 겁니다. 그러니 전쟁을 통한 통일은 결코 있어서는 안 될 일이죠.

1단계 화해협력을 살펴볼까요? 지금까지 서로를 적으로 대하면서 온갖 무기를 사들이고 싸우고 견제하느라 바빴다면, 이제는 남과 북의 최고지도자들이 만나서 얼굴도 보고 얘기도 좀 하자는 거예요. 서울-평양 핫라인을 설치해서 통화도 하고요. 상호존중의 정신을 기반으로 그간 쌓인 오해가 있다면 풀고, 화해할 문제가 있다면 하고요. 문화도 교류하고 사람도 오가며 여행도 다니고 개성공단처럼 경제협력도 하는 거죠.

그렇게 서로를 알아가면서 정치적 군사적으로 평화를 구조화할 수 있는 장치를 마련하자는 거죠. 그 과정에서 북측과 미국이 종전을 선언하고, 평화협정을 체결해서 북미관계도 정상화하고요. 남북의 국민들이 더 이상 전쟁의 불안에 떨지 않아도 되는 체제, 남과 북이 평화롭게 공존하면서 함께 번영을 누릴 수 있는 경제체제를 만들자는 거예요. 이를 **평화의 오랜 제도화 과정**이라고 말합니다. 여러 번 이야기했죠? 이렇게 1단계 화해협력이 완성된 상태를 '평화체제'라고 합니다. 여기까지 적어도 20년 이상의 시간이 필요합니다.

평화체제가 완성되면 이제 **2단계 남북연합**으로 가는 겁니다. 남북연합은 남과 북 양측 정부가 정치권·외교권·국방권과 같은 기존의 모든 권한을 그대로 가지면서, 상위에 남북정상회의·남북각료회의·남북평의회(국회)를 두고 통일문제를 담당하게 하는 겁니다. 이런 남북연합 단계를 또 수십 년 하고 나서야 비로소 **3단계 완전통일**로 가는 건데, 그건 그 시대를 살아갈 후대들이 결정하게 하자는 것이 민족공동체 통일방안의 절차와 과정이에요. 앞에서 나온 김정일 국방위원장과 김대중 대통령의 대화, 기억하지요? 완전통일 단계까지 가려면 적어도 지난 분단의 세월만큼 걸린다고 했잖아요.

이렇게 보면 남북이 평화롭게 공존하고, 함께 번영하는 과정 자체가 통일이죠. 그래서 통일을 평화의 오랜 제도화 과정이라고 하는 겁니다. 충분히 이해되었나요? 통일을 무슨 사건처럼 한순간 일어나는 일로 이해하는 건, 그 과정을 잘 모르기 때문이에요. 다시 한번 말하지만, 그런 통일은 불가능할 뿐만 아니라 해서도 안 됩니다. 통일은 평화의 오랜 과정이에요. 이제 머리가 좀 가벼워졌죠?

네! 여태껏 저도 통일방안을 잘 몰랐고, 제 친구들도 전혀 모른 채로 살아가고 있다는 게 충격적이에요. 이런 상황이 분단체제인 것 같아 마음이 조금 무거워지기도 하고요.

통일을 반대하는 세력이 분단을 지속하고 심화하기 위해 일부러 가르치지 않은 탓이니, 지금부터라도 잘 알면 돼요. 모르는 친구가 있다면 차근차근 알려주고요. 대부분의 국민들이 모르는 놀라운 사실이 한 가지 더 있습니다. 그것은 남과 북이 이미 합의한 통일방안이 있다는 겁니다. 앞에서 한 번 이야기했죠. 2000년 김대중 대통령과 김정일 국방위원장이 서명한 6·15 공동선언 2항에 이 내용이 명시되어있어요.

남과 북은 나라의 통일을 위한 남측의 연합제 안과 북측의 낮은 단계의 연방제 안이 서로 공통성이 있다고 인정하고 앞으로 이 방향에서 통일을 지향시켜 나가기로 하였다.

-2000년 6·15 공동선언 2항

남과 북은 이미 2000년 6·15 공동선언에서 평화통일의 과정과 절차에 대해 합의를 한 겁니다. 그런데 왜 우리는 이 사실을 모를까요. 마찬가지로 통일교육을 하지 않아서 모르는 겁니다. 남북이 합의한 내용이 뭐냐 하면, 민족공동체 통일방안의 1단계 화해협력을 거쳐서 2단계인 남북연합까지 가자는 건데요. 남과 북이 서로의 체제와 제도를 인정하는 상호존중의 정신을 바탕으로 사회문화 교류·경제협력 등을 심화해가며 함께 경제번영을 누리고, 그 다음 수십 년 동안 평화·번영을 구현하다가, 마지막 단계는 그 시대를 사는 후대가 알아서 결정하게 하자고 통일방안을 합의한 겁니다. 정말 흥분되는 사실 아닙니까?

북은 전쟁을 원하는데 우리만 평화통일을 이야기한다면, 김정은 위원장과 문재인 대통령이 판문점에서 만나서 판문점선언을 합의할 수 없었겠죠. 9·19 평양선언도 마찬가지로 합의하지 못했을 거예요. 남과 북은 이미 2000년 6월에 통일방안을 공식 합의했다는 사실을 꼭 기억하세요. 우리에게는 남북 합의를 흔들림 없이 지속적으로 실천해야 할 과제와 의무가 있는 거예요.

맞아요. 정말 중요한 합의는 이미 이뤄졌고, 이제 실천만 남은 거군요. 예전에는 통일이라고 하면 줄곧 북한이 전쟁을 일으키는 줄 알았거든요. 그래서 통일이 안 되는 게 좋지 않을까, 막연히 생각했어요. 참 한심한 걱정이었네요.

그렇죠? 여전히 대부분의 시민들이 통일이라고 하면 보편적으로 '완전통일'만 생각해요. 통일에 찬성하는지, 반대하는지 물어보면 대개 "통일? 글쎄, 통일이 될까?"라거나 "굳이 통일이 필요할까" "오히려 안 되는 게 좋지 않을까"라는 부정적인 여론이 많습니다. 하지만 그런 분들에게 평화에 찬성하는지 물어보면 다들 찬성해요. 평화는 당연한 거니까요. 평화에 찬성하는 사람들은 사실 모두 통일을 찬성하는 거예요. 왜냐하면 통일은 평화의 오랜 과정으로 존재하고, 평화 자체가 통일이기 때문이에요. **평화의 소중함을 이야기하는 게 결국 통일의 소중함을 이야기하는 거니까요.**

다시 한번 말하지만 실질적인 통일은 평화의 오랜 제도화 과정입니다. 2018년 4월 27일 판문점선언의 제목은 **한반도의 평화와 번영, 통일을 위한 판문점선언**이었어요. 우선 한반도 평화와 번영으로 평화체제를 구축하는 것이 1단계고 그 후에 통일로 나아가자는 거죠. 이제 평화가 통일이다, 통일은 평화의 오랜 제도화 과정이다는 말이 조금 이해가 되나요?

네, 머리가 한결 가벼워졌어요. 결국 평화가 중요한 거군요.

판문점선언,
너와 나의
연결고리

민족공동체 통일방안을 알고 나니 통일이 마냥 막막하고 두렵지만은 않아요. 남과 북이 함께 사는 방법에 대한 구체적인 계획을 꽤 오랫동안 해왔다는 것도 놀랍구요. 그동안 남과 북이 또 어떤 합의를 했나요?

지난 4월 27일에 문재인 대통령과 김정은 국무위원장이 판문점에서 만나 냉면도 같이 먹고 대화도 나눴죠. 남과 북의 정상이 만난 건 이때가 처음일까요? 아닙니다. 그럼 남과 북은 언제부터 대화라는 걸 하게 된 걸까요?

첫 번째 만남은 1972년 5월과 6월에 걸쳐 이뤄집니다. 남측의 이후락 중앙정보부장과 북측의 박성철 제2부수상이 비밀리에 평양과 서울을 오가며 회담을 진행했어요. 1953년 정전협정 이후 처음으로 나눈 대화였습니다. 이때 남과 북이 통일하는 과정에서 가장 큰 원칙들을 합의하게 됩니다.

첫째, 통일은 외세에 의존하거나 외세의 간섭을 받음이 없이 자주적으로 해결하여야 한다. 둘째, 통일은 서로 상대방을 반대하는 무력행사에 의거하지 않고 평화적 방법으로 실현하여야 한다. 셋째, 사상과 이념·제도의 차이를 초월하여 우선 하나의 민족으로서 민족적 대단결을 도모하여야 한다.

－1972년 7.4 남북공동성명

요약하면, **자주·평화·민족대단결**이라는 **통일의 3대 원칙**을 합의한 거죠. 통일은 한반도의 주인인 남과 북이 스스로 해결하고, 평화적인 방법으로 실현하고, 한 민족으로서 힘을 합치자, 서로 통일의 방식에 대한 생각은 다를지라도 이 정도 원칙은 합의하고 시작하자는 거죠. 무엇보다 분단이 되고 나서 30년 가까이 서로 만나지 못했으니 그간 쌓인 오해와 불신들을 천천히 풀어보자고 약속했어요. 1972년 7월 4일에 공식적으로 발표한 내용입니다. 줄여서 **7.4 남북공동성명**이라고 합니다.

1972년도라고요? 저는 판문점선언이 갑작스럽다고 느꼈는데, 47년 전에 이미 서울과 평양에서 회담도 진행했고 공동성명도 발표했네요.

그럴 만도 해요. 여러분이 학교에 다니는 동안에는 남과 북이 만나서 대화를 하거나 화해 분위기를 조성한 적이 없었으니까요.

두 번째 대화는 1991년의 일이에요. 남북의 총리가 평양에서 만나 통일의 3대 원칙을 다시 확인하고, 정치적으로나 군사적으로 서로 적으로 여기지 말고 평화를 이루자고 약속합니다.

이 내용을 정리해서 **남북 사이의 화해와 불가침 및 교류협력에 관한 합의서(남북기본합의서)**를 발표합니다. 최종합의 이후 부속합의까지 모두 여덟 번을 만났어요. 그런데 여기서 '불가침'이라는 단어가 눈에 띄지 않나요?

제2장 남북불가침
제9조 남과 북은 상대방에 대하여 무력을 사용하지 않으며 상대방을 무력으로 침략하지 아니한다.

－1991년 남북기본합의서

지금까지는 평화롭게 통일하자는 원칙만 논의했는데, 여기서는 서로 침략하지 않겠다고 정확히 합의했죠. 이후 약속을 이행하기 위한 실무회담도 여러 차례 열립니다. 7.4 남북공동성명에서 한 발짝 나아갔다고 볼 수 있어요.

우리 측 관료들이 평양을 여러 차례 방문했군요. 저도 평

양냉면 먹으러 한번 가야 하는데… 그날이 곧 오겠죠? 그
런데 남과 북의 정상이 직접 만난 적은 없나요?

물론 있죠. 새천년을 맞아 남과 북의 정상이 직접 만납
니다. 2000년 6월 13일부터 15일까지 3일간 김대중 대통령
이 평양을 방문했었잖아요. 김정일 국방위원장이 평양 순안
공항으로 예정에 없이 마중을 나오는 바람에 김대중 대통령
이 비행기에서 내리자마자 깜짝 놀랐죠. 두 사람은 활짝 웃
으며 악수를 하고 포옹했어요.
　분단 이래 최초로 남과 북의 정상이 한 화면에 등장한
날이었습니다. 평양냉면도 맛있게 드셨을 거예요. 그렇게
6·15 남북공동선언을 발표합니다. 이때 남과 북이 공식적
으로 통일방안을 합의했다고 했죠? 지금까지 남은 남대로
북은 북대로 각자의 통일방안을 생각해왔는데, 두 지도자
가 만나 처음으로 합의점을 찾은 거예요. 이 만남을 계기로
남북관계가 급격히 좋아지면서 이산가족 상봉도 하고 개성
공단과 같은 경제협력도 본격적으로 시작되었어요.

개성공단 외에 남북 경제교류와 관련된 합의는 또 어떤
것이 있나요?

10·4 선언을 살펴보면 됩니다. 문재인 대통령과 김정
은 국무위원장이 손을 잡고 판문점에서 번갈아 군사분계선

을 넘는 장면 기억하나요? 2007년에도 노무현 대통령께서 권양숙 여사님과 걸어서 군사분계선 위의 노란색 선을 넘습니다. 이 모습이 전국에 생중계된 당시 모습이 눈에 선하네요. 모든 국민이 보는 앞에서 노무현 대통령이 이렇게 이야기합니다.

> 저는 이번에 대통령으로서 이 금단의 선을 넘어갑니다. 제가 다녀오면 또 더 많은 사람들이 다녀오게 될 것입니다. 그러면 마침내 이 금단의 선도 점차 지워질 것입니다. (…) 저의 이번 걸음이 금단의 벽을 허물고, 민족의 고통을 해소하고 그동안 당해왔던 우리 민족의 그 많은 고통들을 넘어서 평화와 번영의 길로 가는 계기가 되도록 노력하겠습니다.

김대중 대통령은 비행기로 평양을 갔고, 노무현 대통령은 육로로 군사분계선을 넘어 개성-평양 고속도로를 타고 김정일 국방위원장을 만나러 간 겁니다. 평양에서는 6·15 공동선언의 약속을 재차 확인하고 평화와 번영의 길로 가겠다는 다짐처럼, 남북 경제교류에 관해 구체적인 합의를 이뤄냅니다.

5. 남과 북은 민족경제의 균형적 발전과 공동의 번영을 위해 경제협력사업을 공리공영과 유무상통의 원칙에서 적극

활성화하고 지속적으로 확대 발전시켜 나가기로 하였다.

– 남북관계 발전과 평화번영을 위한 선언(2007년 10·4 선언)

남북 간 경제교류는 공리공영, 유무상통의 원칙이 핵심이에요. 서로 있는 것과 없는 것을 나누며 공동의 이익과 번영을 누리자는 거죠. 서로 교류하려면 우선 길이 잘 닦여야하니 남북 간 철도와 고속도로 개보수 공사를 약속하고, 민족협력사업으로서 특혜와 우대 조건을 부여한다는 세부 합의가 이어집니다.

그동안 남과 북이 이렇게 많이 만난 줄 몰랐어요. 문재인대통령과 김정은 국무위원장이 판문점에서 만난 것도 갑작스러운 일이 아니었네요.

맞아요. 2018년 4월 27일 아침, 문재인 대통령은 서울에서, 김정은 국무위원장은 평양에서 판문점으로 출발합니다. 두 정상은 판문점 내 군사분계선인 경계석을 사이에 두고 마주 섭니다. 높이 15cm, 폭 50cm의 아주 낮고 좁은 콘크리트 경계석이죠. 문재인 대통령께서 "오시는 데 힘들지 않았습니까?" 하며 김정은 국방위원장에게 악수를 합니다. 김정은 국방위원장은 "정말 마음 설렘이 그치지 않고요, 대통령께서 군사분계선까지 나와서 맞이해준 데 대해서 정말 감동적입니다."라고 대답하며 악수를 받습니다.

문재인 대통령께서 군사분계선의 남측을 가리키며 "이리 서시죠"라고 권하자, 김정은 국무위원장은 경계석을 넘어갑니다. 북측 최고지도자로서 사상 최초로 남측 땅을 밟았습니다. 판문점 내 군사분계선을 넘기까지 겨우 한 걸음이면 됐죠. 문재인 대통령께서 김정은 국무위원장에게 이렇게 말합니다.

"김 위원장은 이렇게 쉽게 남측으로 오시는데 나는 언제쯤 넘어갈 수 있을까요?"

김정은 국무위원장이 답합니다.

"그럼 지금 넘어가 볼까요?"

김정은 국무위원장은 문재인 대통령의 손을 꼭 잡고 판문점 군사분계선을 넘어 북측으로 잠시 갔다가 남측으로 다시 넘어왔죠. 그렇게 두 정상이 손을 잡고 군사분계선을 넘나들며 역사적인 세 번째 남북정상회담을 했어요. 남과 북이 확고한 의지만 있다면 군사분계선을 넘는 것도 이렇게 쉽다는 걸 보여주고 싶었던 게 아닐까요? 그리고 한나절 만에 「한반도의 평화와 번영, 통일을 위한 판문점선언」을 발표합니다. 줄여서 **4·27 판문점선언**이라고 하죠.

역대 대통령들이 이미 여러 차례 합의한 내용이 있었기 때문에 많은 시간이 필요하지 않았던 거죠. 서울과 평양에서 판문점 가는 길이 생각만큼 멀지도 않았고요. 그래서 김정은 국무위원장도 평양냉면을 먼 곳에서 어렵게 가져왔다고 무심코 말했다가 "멀다고 하면 안 되갔구나"라고 말했잖아요.

맞아요. 차 타고 두 시간이면 평양에 도착하더라고요. 생각보다 가까워서 저도 놀랐어요. 그런데 4·27 판문점선언의 전체 제목은 처음 들어봤어요. '한반도의 평화와 번영, 통일을 위한 판문점 선언'이었군요. 구체적인 내용도 읽어본 적이 없는 거 같아요.

그럼 함께 살펴볼까요? 가장 먼저 눈에 띄는 점은 선언 제목이에요. 노무현 대통령 시절 10·4 선언의 제목은 「남북관계 발전과 평화·번영을 위한 선언」이었어요. 「한반도의 평화와 번영, 통일을 위한 판문점선언」에서는 '통일'이라는 단어가 추가로 붙었죠. 평화, 번영, 통일로 회담의 주제를 확장했다고 명시한 겁니다. 선언문 도입부는 이렇게 시작합니다.

> 양 정상은 한반도에 더 이상 전쟁은 없을 것이며 새로운 평화의 시대가 열리었음을 8천만 우리 겨레와 전 세계에 엄숙히 천명하였다.
>
> − 2018년 4·27 판문점선언

2018년 4월 27일을 기준으로 한반도는 '평화의 시대'라는 새로운 시대를 과감하게 열어간다는 확고한 의지를 담아 남과 북의 두 정상이 합의한 것입니다. 그 이전에는 남과 북이 전쟁과 냉전, 대결의 시대를 살았다면 이제는 평화와 번영의 시대가 올 테고, 이는 '더는 미룰 수 없는 시대의 절박

한 요구'라고 명시하고 있어요. 이후 첫 번째 조항에서는 앞선 선언과 합의들을 계승한다는 점을 아래와 같이 명확히 밝힙니다.

> ① 남과 북은 우리 민족의 운명은 우리 스스로 결정한다는
> 민족 자주의 원칙을 확인하였으며 이미 채택된 남북 선언
> 들과 모든 합의들을 철저히 이행함으로써 관계 개선과 발
> 전의 전환적 국면을 열어가기로 하였다.
>
> — 2018년 4·27 판문점선언

결국 6·15 공동선언도 10·4 선언도 개성공단도 여전히 살아있다는 뜻이에요. 아무것도 폐기하지 않았다는 겁니다. 몇십 년에 걸쳐 남과 북이 평화를 향해 함께 걸어온 역사는 여전히 현재진행형입니다. 다만 지난 10년 동안 이명박·박근혜 정부에서는 남과 북이 함께 한 약속들이 지켜지지 않았는데, 이제 확고한 의지를 가지고 철저히 이행하겠다고 다시 합의한 겁니다. 자, 이제 마지막 조항을 살펴볼까요?

> 3. 남과 북은 한반도의 항구적이며 공고한 평화체제 구축
> 을 위하여 적극 협력해 나갈 것이다.
>
> — 2018년 4·27 판문점선언

북한 체제와 사회를 연구하는 북한학자로서 개성에서

체류했던 4년 동안 북측 사람들과 참 많은 이야기를 나눴고 토론을 했습니다. 제가 북측 사회의 모습을 확인하고, 북측 사람들을 직접 만나보고 내린 결론은 무엇일까요?

지난 몇 년간 대중강연을 통해, 수많은 시민을 만나는 동안 정말 제가 하고 싶었던 이야기는 바로 북한도 진실로 평화를 원한다는 것이었습니다. 과학과 진실을 추구하는 북한학자로서 가슴에 손을 얹고 말해야 하는 진실이었습니다. 참으로 단순한 이야기였지만 공개적으로 하기에는 쉽지 않은 이야기였어요. 분단체제를 지나오며 북에 대한 적대적 인식과 혐북 문화(북에 대한 혐오)가 상식처럼 굳어져 있었기 때문입니다.

그런데 지난해 9·19 평양선언 당시 북측이 평화를 원한다는 이야기를 문재인 대통령께서도 공개적으로 했어요. 5·1경기장에서 문재인 대통령이 대한민국 대통령 최초로 북측의 15만 평양시민들 앞에서 했던 대중연설 기억나실 거예요. 앞에서도 인용했는데, 그 연설을 보면 아주 감동적인 문장이 담겨있어요.

나는 김정은 위원장과 북녘 동포들이 (…) 얼마나 민족의 화해와 평화를 갈망하고 있는지 절실하게 확인했습니다.

대한민국의 대통령께서 전 세계를 향해 북측이 민족의

화해와 평화를 갈망하고 있음을 절실하게 확인했다는 이야기를 공개적으로 한 거예요. 대통령 연설문에 담긴 내용이기에 그 공식성과 엄정성은 다들 아실 테지요. 이 내용이 진실이라는 거죠. 맞아요. 북측도 우리만큼이나 절박하게 평화를 갈망하고 있어요.

북측이 70년 동안 전쟁을 못 끝내고 있는 상대방은 전 세계에서 가장 강력한 군사력과 패권을 유지하는 미국이에요. 한번 진지하게 질문할 필요가 있어요. 북측은 미국과 전쟁을 원할까요, 평화를 원할까요?

한반도에 더는 전쟁이 일어나지 않는, 평화의 시대를 열어가기 위해선 반드시 종전선언이 되고 나아가 남과 북, 미국이 함께 평화협정을 맺어야 합니다. 김정은 국무위원장은 평화에 대한 확고한 의지를 갖고 있어요. 생각만으로도 행복하지 않나요? 남북이 평화를 함께 갈망하고 있다는 사실 말이에요. 진실의 힘은 큽니다.

그래서 문재인 대통령은 남북의 역사적인 합의들을 국회 비준을 받아 제도화하려고 하는 겁니다. 다음 정부가 다시 손바닥 뒤집듯 기존의 남북간 합의를 부정하지 못하게끔 아예 제도화하겠다는 거죠. 정권이 바뀌어도 기존 합의들을 꾸준히 추진할 수 있게끔 하는 거예요. 그래야 '항구적이며 공고한' 평화체제를 구축할 수 있겠죠. 선언문은 다음과 같이 마무리됩니다.

양 정상은 정기적인 회담과 직통전화를 통하여 민족의 중
대사를 수시로 진지하게 논의하고 신뢰를 굳건히 하며, 남
북관계의 지속적인 발전과 한반도의 평화와 번영, 통일을
향한 좋은 흐름을 더욱 확대해 나가기 위하여 함께 노력하
기로 하였다.

-2018년 4·27 판문점선언

역사적으로 대한민국과 조선민주주의인민공화국, 두
국가는 평화와 번영, 통일을 향해 더 나은 방향으로 함께 걸
어왔고 앞으로도 그래야 합니다. 이미 다 합의했기 때문에
어려운 문제가 아닙니다. 하면 됩니다. 평화는 정치적 선택
의 문제가 아니라 당위와 필수, 근본의 문제입니다.

이런 선언문을 자세히 읽어본 건 처음이어서 신기해요.
상세하게 설명해주셔서 그런지 생각보다 어렵지 않네요.

맞아요. 낯선 내용도 많지만 이해하기 어렵지 않죠? 오
늘은 4·27 판문점선언을 조금 더 자세하게 살펴보았어요.
6·15 공동선언과 10·4 선언도 꼭 한번 검색해서 찬찬히 읽
어보세요.

상호존중,
이거 하나면
함께 살 준비 끝

앞으로 남북간 교류가 활발해지면, 저도 언젠가 북으로 놀러가거나 북한 사람들과 함께 일을 할 수도 있겠네요. 선생님은 개성공단에서 일하면서 북한 사람들과 함께 일상생활을 했잖아요. 서로 어떻게 잘 지낼 수 있었나요?

상호존중이죠. 남과 북이 서로를 있는 그대로 인정하고 존중하는 거예요. 그러면 모든 것이 해결됩니다. 역대 남과 북의 모든 합의에서 거의 빠지지 않고 공통으로 들어가는 단어가 상호존중이예요.

상호존중은 수십 년간 다른 체제와 제도에서 살아온 남과 북이 적대와 대립을 넘어 평화와 통일로 가는 길에서 가져야 할 가장 기본적인 정신이자 원칙이고 태도입니다. 남북간 체제와 제도의 다름은 생활양식과 가치규범, 사고방식, 역사인식 등 적지 않은 차이를 만들었습니다. 적대적 분단체제는 그러한 것들을 옳고 그름·맞고 틀림·선과 악 같은 이분법적 흑백논리로 재단하고, 북을 적과 악으로 규정했죠. 그러니 싸울 수밖에 없었던 겁니다. 서로를 인정하고 존중해야 화해하고 평화롭게 살 수 있는 거예요.

북이 원하는 바도 같습니다. 틀림이 아니라 다름을 이해하는 태도를 바라죠. 정치체제와 경제제도, 생활양식과 사회문화, 가치관, 사고방식, 관습과 윤리 등은 서로 다를 뿐 틀린 게 아니거든요. 그런데 우리는 다른 걸 틀리다고 하죠.

인간관계도 그렇잖아요. 평화적 관계를 원한다면 먼저 상대방을 존중해야 합니다. 상대방을 존중하지 않으면서 자신은 존중받기를 바라면 안 되겠죠. 남북관계도 마찬가지입니다. 분단체제에서 쌓아온 대립과 불신, 적대와 증오의 감정을 넘어 평화로 가기 위해서는 서로 존중하는 마음과 태도가 꼭 필요합니다.

우리 사회에는 불교, 기독교, 천주교, 원불교 등 다양한 종교들이 공존하고 있어요. 특정 종교가 다른 특정 종교를 부정하지 않잖아요. 수천 년 동안 다른 역사를 지닌 종교들도 공존하는데 남과 북이라고 왜 못 하겠어요. 문재인 대통령도 평양연설에서 "우리는 5천 년을 함께 살고 70년을 헤어져 살았습니다"라고 이야기했잖아요.

서로를 향한 비난과 적대, 미움과 혐오를 가르치지 않으면 됩니다. 평화를 가르치면 되는 거죠. 여러분도 친구가 다르다는 걸 인정하고 존중하려고 노력하잖아요. 그처럼 서로 다른 부분에 대해 고개 한번 끄덕일 수 있는 존중의 마음이면 이미 평화이고 통일인 거예요. 특별히 다른 노력이 필요 없어요.

상호존중. 좋은 말이긴 한데 친구들이랑 지내보니 서로 다른 걸 인정하고 받아들인다는 게 말처럼 쉽지 않더라고요. 더군다나 남과 북은 지금까지 대화만 몇 번 나눠 봤지 실제로 함께 살아본 적도 없잖아요.

함께 살아본 적? 있습니다. 개성공단에서 꽤 오랜 시간 함께 지냈다고 할 수 있죠. 개성공단은 분단 이후 처음으로 남과 북의 사람들이 만나 매일매일 한 공간에서 부대끼고, 일하고, 먹고, 수다 떨며 일상을 공유했던 특별한 공간이었어요. 여러분이 즐겨 하는 것처럼 개성공단 일상 브이로그 같은 걸 찍어놨다면 정말 재밌었을 거예요.

물론 처음엔 서로 잘 몰라서 좀 서투른 부분이 있었죠. 그런데 제가 개성공단 관리위원회에서 4년 동안 북측 사람들과 함께 지내보니 다르다는 게 사실 별거 아니더군요. 가령 남과 북이 같은 언어를 쓰지만, 뜻이 달라서 생기는 웃지 못할, 그러나 웃을 수밖에 없는 일도 있었어요.

우리가 오징어라고 부르는 것을 북에서는 낙지라고 해요. 그렇다고 해서 한쪽이 틀린 게 아니잖아요. 그냥 호칭이 다른 것뿐이죠. 그것을 틀렸다고 하는 순간 북측도 그들 기준에서 우리더러 틀렸다고 하는 거고요. 이런 다름을 알아가는 과정이 평화와 통일로 가는 과정이에요. 오히려 재밌기도 해요. 몰라서 오해했던 내용을 알게 되면서 이해하게 되는 과정은 실제로 겪어 보면 에너지가 넘치고 역동적이거든요. 오해가 이해로 바뀌면 갈등은 사라집니다. 오히려 더 배려하고 더 이해하려고 하죠. 아름다운 관계로 나아갑니다.

서로를 배우는 가장 좋은 방법은 만나서 대화하는 겁니다. 우리는 한번도 만나본 적 없는 북측 사람들을 두려워하고 경계하고 미워하고 적대시해요. 만나보면 압니다. 북측 사람들이 우리가 생각해온 사람들이 아니라는 것을. 분단이 얼마나 어처구니없는 거짓과 왜곡, 허구를 만들었는지, 만나보면 북측 사람들은 적이 아닌 지고지순한 동포임을 시나브로 알게 됩니다.

순수하고 맑은, 정 많고 눈물 많은 그들을 만나면 우리가 그동안 그들에게 가졌던 기존의 인식들, 미움과 적대, 무관심과 폄훼, 혐오가 얼마나 민망하고 미안해지는지 모릅니다. 그래서 우리는 하루빨리 만나야 합니다. **만나면 평화고 만나면 통일입니다.**

그렇군요. 그래도 오랜 떨어져 살다가 막상 함께 지내려면 어색할 것 같은데요. 선생님이 개성공단에서 처음 일할 때는 어떠셨나요?

어색했죠. 이렇게 생각해봅시다. 외국으로 유학 갈 때 낯선 땅에서 잘 살아보기 위해 그 나라의 문화와 제도를 알려고 노력하잖아요. 똑같아요. 우리가 개성공단에 들어가면 그들의 문화와 관습, 법과 제도 등을 초보 수준에서나마 이해하고 존중해야 해요. 우리 기업의 성공과 실패는 결국 그들을 얼마나 잘 알고 이해하느냐에 달려있는 거죠. 예를 들면 우리가 일상적으로 쓰는 '북한'이라는 말조차 그들에게는 매우 낯설게 혹은 살짝 불쾌하게 받아들여집니다. 우리 사회에서 누군가 남조선, 북조선이라고 말하면 마음이 불편한 것과 똑같은 이치예요. 여러분도 이제부터는 '북한' 대신 북측, 북, 북녘이라는 말을 써보세요. 조금 어색해도 상호존중의 첫걸음을 떼보는 거죠.

개성공단 내에 특별한 규칙이나 약속 같은 건 없지만, 기업을 잘 운영하기 위해 우리 측 주재원들이 가지는 기본적인 태도 몇 가지를 소개해볼게요.

첫째, 북측 체제와 제도·사상·문화 등을 우리 기준에서 비난하는 행위는 적절치 못합니다. 북측은 나름의 체제 작동 논리가 있는 엄연한 국가이고, 한 국가로서 지닌 존엄성은 누구도 부정할 수 없는 거예요. 국제사회에서 국가들이 서로 기본적인 예의를 다하듯이 말이에요. 분단 이후 서로 대립하며 살아온 상대에게 함부로 부정당하고 비난받는 건 참기 어려운 모욕이겠죠. 더불어 그들의 신상이나 생활 형편에 관한 문제는 가급적이면 이야기하지 않아요. 그런 이야기는 상대적 우월감이나 열등감을 내포하고 있어 신뢰 관계를 깰 수도 있기 때문이에요. 분단체제를 살면서 마음속에 자리잡게 된 반감, 적대, 폄하, 비하적 태도는 삼가야 합니다.

둘째, 남북 간의 다양한 차이를 옳고 그름, 선과 악의 이분법적 흑백논리로 인식하지 않으려고 노력합니다. 그런 차이에는 북측의 집단주의 가치와 남측의 개인주의 가치, 북측의 전 인민적 소유 개념과 남측의 사유재산 개념, 북측의 사용권 개념과 남측의 소유권 개념, 물질과 정신에 대한 인식 차이, 생산성 향상을 위한 동기부여 방식의 차이, 교육과 경쟁에 대한 인식이나 평가 등 참으로 다양한 다름이 있습니다.

이 모두가 처음에는 낯설고 어렵게 다가오지만, 그냥 '다를 수 있다'라고 인식하면 됩니다. 초기에는 투닥투닥 하지만 조금만 지나면 갈등이 사그라들고 공존하는 방법을 찾게 됩니다. 남과 북의 차이가 공존하게 되는 거죠. 개성공단에서 이미 경험해본 것처럼요. 물리학에서 차이는 에너지 발생의 원인이죠. 개성공단에서도 남과 북의 차이를 어떻게 다루고 관계를 맺느냐에 따라 그 차이들이 남북 공동번영의 새로운 에너지가 될 수도 있겠다는 생각을 했습니다.

개성공단은 남과 북이 함께 살아가는 방법을 먼저 실험해본 공간이었네요.

그렇죠. 개성공단은 매일매일 작은 평화와 통일의 사례들이 발현, 축적되어지는 기적 같은 공간이었어요. 같은 공간에서 생활하고 대화해보면 분단이라는 건 점점 흐릿해집니다. 일상 속에서 시시콜콜한 안부도 묻고 티격태격 미운 정 고운 정 쌓아가는 동료들일 뿐이죠.

분단이니 적대니 하는 모든 말들이 실은 관념 속에 있던 거구나, 만나보니까 아무것도 아니구나. 개성공단에 오래 머문 사람들은 이런 생각을 하게 됩니다. 그래서 제가 개성공단을 **날마다 작은 통일이 이루어지는 기적의 공간**이라고 말하는 거죠.

제가 해보니 어렵지 않았어요. 제 강연이 '행복한 평화 너무 쉬운 통일'이라고 했죠. 사람들이 저에게 그 어려운 통일이 왜 쉽냐고 물으면 개성공단 이야기를 합니다. 상호존중의 마음 하나면 모든 게 해결되기 때문이에요. 남과 북이 서로 다른 점을 인정하고 고개 한번 끄덕이는 순간, 이미 평화가 시작되고 실질적인 통일이 이뤄지는 겁니다.

한반도 평화 시대,
내가
하드 캐리 한다!

처음에 인터넷 기사로 김정은 국무위원장이 문재인 대통령과 악수하고, 트럼프 대통령과 싱가포르에서 북미정상회담 하는 걸 봤을 땐 이게 뭐야? 싶었거든요. 분명 작년까지만 해도 정말 전쟁이 날 것 같았으니까요. 선생님 이야기를 쭉 듣고 나니 왜 행복한 평화이고 너무 쉬운 통일인지 조금 알겠어요.

조금이나마 이해가 됐다니 저도 기쁘네요. 제가 정말 다양한 사람을 만나 강연도 하고 이야기를 들려주는데요. 솔직히 말하면 우리 국민 대부분 분단에 대해 잘 모릅니다. 분단의 기원, 성격, 본질에 대해서 제대로 교육하지 않았기 때문이에요. 나아가 통일이라는 단어를 많이 쓰지만 사실 통일에 대한 개념과 의미도 잘 몰라요. 앞에서 말한 것처럼 통일의 개념을 오해하고 완전통일만 생각하잖아요. 북에 대해서는 정말 많이 모르죠. 우리 국민 모두가 북맹이라고 봐도 무방합니다. 여러분도 그동안 알고 있던 북에 대한 몇 안 되는 이미지가 허구라는 사실에 많이 놀랐죠?

네. 인터넷이나 뉴스에서는 북측 주민들이 항상 먹고살기 어렵고, 독재정권 밑에서 핍박받으며 살아간다고 들었거든요. 지금까지 왠지 사기당한 기분도 들고, 억울하기도 해요.

그런 시절이 있었던 겁니다. 분단체제 속에서 적대와 대립, 증오와 질시, 폭력의 질서에 기대어 어떤 거짓말을 해도 괜찮았던 시절이요. 물론 북에서 1990년대 중·후반 고난의 행군 시기에 북측 인민들이 많이 굶어 죽은 건 사실입니다. 그런데 그 식량난의 진짜 이유를 들어본 적은 없어요. 슬픈 일이죠. 또한 남측의 그 누구도 1984년에 북이 우리에게 식량을 보내준 일은 잘 몰라요. 당시 남측에 엄청난 물난리가 났거든요. 전두환 정권 시절이었는데 북측이 "남측의 수해에 대해 동포애적 관점으로 식량과 천을 보낸다"고 밝혔죠. 남북회담도 열렸고요.
제가 중학생 때였는데 북에서 보낸 천과 쌀이 경상북도 시골까지 전달됐어요. 정치나 이념을 떠나 사람 사는 일이잖아요. 아랫마을에서 식량이 물에 떠내려갔다면 윗마을에서 쌀을 보내주고, 윗마을에 일이 생겼다면 아랫마을에서 소를 보내주고 그런 거죠.

하지만 분단체제는 남과 북이 서로 적대시하게 하죠. 정말 상종 못할 나라, 불쌍한 사람들이 사는 나라라는 식으로 북을 이야기하고요. 그럼 우리는 불쌍한 사람만 사는 나라에서 식량원조를 받은 건가요? 우리가 기존에 알고 있는 북에 대한 인식은 실재하는 북과 다를 수 있다는 말입니다.

북측의 핵 개발은 미국과의 전쟁 상황에서 국가생존, 안보전략 차원에서 진행된 것입니다. 3대 세습과 같은 독특한 정치권력 구조도 휴전상황과 군사국가, 고도의 집단주의 체제라는 특수한 상황에서 진행된 측면이 있다고 이야기했었죠? 이런 질문을 해볼 수 있어요. 만약 북에서 김정은 위원장이 아닌 다른 사람이 정치권력을 잡았으면 우리는 그를 온전히 인정하고 박수 쳐줬을까요? 분단체제는 북에 누가 집권해도 우선 비난하고 욕하고 적으로 간주하고 말아요. 그냥 빌미일 뿐이라는 겁니다. 적대적 분단 상황에서는 북에 누가 집권해도 인정하지 않을 거란 말이죠.

우리가 북측에게 식량원조를 받았다는 얘기는 처음 들어요. 북에 대해 잘 안다고 믿었는데 선생님 이야기를 듣고 보니 사실은 거의 몰랐다는 생각이 들어요. 저는 일본 드라마를 좋아해서 자주 보는데요. 아무래도 일본 드라마나 영화는 친숙하게 접할 수 있어 그들의 문화와 일상을 쉽게 상상할 수 있지만, 북은 가짜뉴스 빼고는 알 도리가 없잖아요. 선생님 말씀대로 오해와 불신만 있을 뿐, 깜깜했던 거죠.

맞아요. 여러분, 서울에서 평양까지 거리가 어느 정도 되는지 아나요? 옛날엔 <서울에서 평양까지 택시 요금 5만 원> 이라는 노래도 있었어요. 물가를 생각하면 지금은 더 올랐겠지만 어쨌든 서울에서 광주로 가는 거리보다 훨씬 가깝습니다. 그렇지만 우리는 차로 겨우 두 시간 걸리는 북측 주민들보다 바다 건너 일본 사람들을 정서적으로 더 가깝게 여기고 있어요. 참으로 안타까운 일이에요. 우리는 미국도 중국도 일본도 잘 아는데 정작 우리 동포인 북에 대해서는 완벽한 깜깜이예요. 북의 소설이나 시 등의 문학작품, 북의 영화나 드라마를 본 적이 있나요? 그런 걸 봐야 기본적으로 북측 사람들의 생활을 간접적이나마 알 수 있지 않을까요. 그런데 왜 우리는 북측의 어떠한 문학작품도 영화도 드라마도 못 보는 걸까요? 비정상입니다. 앞으로 달라지겠죠.

여러분은 행운아예요. 한반도 평화 시대를 그대로 경험하고 있잖아요. 여러분이 얼마나 실감할지는 모르겠지만 남측의 방송국이 평양지국 설립을 논의하고, 경기도에 북측 요리사가 직접 요리하는 식당을 세우자는 말이 오가는 건 정말로 놀라운 변화이자 환영할 만한 사건이에요. 여러분의 일상과 삶에 대한 상상력이 풍성해지는 건 덤이고요.

와! 몇 년 후에는 2018년의 남북 관계와 통일 방안이 시험문제로 나올 수 있겠네요. 한반도가 평화체제로 진입하게 된 역사적인 전환기였으니까요. 뭔가 뿌듯해지는데요? 한반도 평화시대를 앞당기는 데 저도 일조하고 싶어요. 저는 뭐부터 시작하면 될까요?

가장 중요한 건 차이와 다름을 인정하고 다양성을 존중하는 마음을 가지는 거죠. 한 행사*에서 청소년들이 북측을 이렇게 묘사했더라고요.

특별한 보통의 이웃
부담스러운 독재적인 형제
낯설고 아름다운 한민족
알고 싶은 특이한 접경국

*서울시립청소년직업체험센터(하자센터)에서 주최한 제10회 서울청소년창의서밋

청소년에게 북을 생각하면 가장 먼저 떠오르는 단어를 물은 뒤 얻은 대답을 조합한 문장들인데요. 어때요? 우리가 지닌 다양하고 복합적인 북측의 이미지를 담고 있지 않아요? 오랫동안 분단 상황에서 북을 제대로 알 수 있는 경로가 없으니 상반된 이미지와 생각만 남아있는 거죠.
하지만 이제는 북측이 이상하고 특이한 나라가 아니라

우리와 조금 다른 사회라는 걸 알게 됐죠? 그렇다면 저와 나눈 이야기로 만약 내가 개성공단에 근무한다면, 내가 만약 평양의 학교로 전학을 간다면, 북한이탈주민인 내 짝꿍과 첫 대화를 시작한다면? 이런 구체적인 상상을 해보세요.

또 여러분의 솔직한 생각과 마음을 주변 친구와 선생님, 부모님과 많이 나누세요. 더 많은 사람과 대화하고 더 구체적으로 상상할수록 우리는 아주 다르지만, 함께 살 수 있다는 자신감이 생길 거예요. 그러다 보면 느리지만 자연스럽게 평화가 우리 앞에 와있을 겁니다. 한반도 평화시대를 이끌어갈 여러분의 미래가 기대되네요. 진심으로 응원합니다.

평화가 곧 통일입니다

2008년 1월 초였을 겁니다. 참여정부 청와대에서의 비서관 생활이 끝나가던 시점이었죠. 당시 이명박 정부의 출범을 앞두고 인수인계로 바쁘던 시기였는데 노무현 대통령님께서 식사하자고 부르셨어요. 그 식사 자리에서 대통령님께서 지나가는 말로 툭 물으시는 거예요.

"김 박사 개성공단은 별일 없겠죠?"
"네, 1단계 100만 평 기반시설 거의 완공되었고, 기업들도 일정대로 입주하고 있고 제품 생산도 무리 없이 진행되고 있어서 특별한 일 없이 잘 운영되리라 생각합니다."

그렇게 말씀드리고 나왔는데, 신기하죠. 머릿속에서 개성공단, 개성공단, 개성공단… 개성공단이 떠나지 않는 겁니다. 며칠간

밤잠을 설치면서 고민했습니다. 사실 대통령님 퇴임하시고 저도 청와대 비서관 생활을 마무리하고 나서는 미국 대학에 가기로 계획되어 있었습니다. 가족들도 준비를 마친 상태였죠. 그런데 아무리 생각해도 개성공단이 마음에 걸렸습니다. 그래서 대통령님을 만난 지 일주일 만에 당시 이재정 통일부장관님을 찾아갔습니다.

"장관님. 개성 가야겠습니다."
"아니 김 박사 무슨 소리야? 미국은 어떻게 하고."
"개성공단에 가야겠습니다."
"무슨 일이냐고?"

돌이켜보면 그때의 선택이 지금의 저를 있게 했지요. 2008년 2월 1일 '개성공단관리위원회 기업지원부장' 자격으로 개성공단에 가게 되었거든요.

개성에 가니 새롭게 보이는 것들

개성공단에서 근무를 시작하면서, 북한학자로서의 양심을 걸고 지금이 북측을 제대로 알 기회라고 생각했습니다. 북측의 관료와 당원들에게 물어볼 질문 리스트를 많이 만들었습니다.

내일은 이걸 물어볼 거야 저걸 물어볼 거야 하면서 4년 동안 북측 사람들과 많은 토론을 했습니다. 저도 많이 배웠고 그들도 저를 통해 남측 사회를 배우는 계기가 됐겠죠.

북이 새롭게 보였습니다. 동시에 우리 사회가 지닌 분단문화가 보였습니다. 70여 년 분단의 세월을 거치며 남북관계나 북측 관련 뉴스에서는 정확성·공정성·객관성을 기대하기 어렵게 되었습니다. '분단언론'이 되고 말았지요. 특히 이명박 정부 출범 이후, 개성공단에 대한 분단언론의 보도는 가관이었습니다. 일방적 왜곡과 오도, 최소한의 팩트조차 확인하지 않은 소설이 난무했죠. 개성공단은 퍼주기다, 개성공단 노동자들의 임금이 핵 개발에 쓰인다는 등 근거 없는 소문들로 뉴스 지면이 도배되곤 했습니다.

저는 개성공단에 근무하면서 북측과 진행하는 거의 모든 협상의 자리에 있었습니다. 남북관계가 변화하는 과정을 속속들이 알 수 있는 위치였죠. 제가 그 자리에 있었기 때문에, 저는 분단언론이 보도한 개성공단에 관한 내용을 '근거 없는 주장'이라고 말할 수 있습니다. 분단을 심화하고자 하는 세력들은 어떤 식으로든 개성공단을 닫으려 했습니다. 제가 그 자리에 있지 않았다면, 우리 정부가 스스로 개성공단을 닫을 생각을 하고 있었다는 것을 누가 알았을까요.

개인적으로 고민이 깊어졌습니다. 남북관계가 적대시되고 개성공단 무력화 작업이 정부 차원에서 진행되니 제가 할 수 있는 일은 거의 없었습니다. 남북관계의 진전을 위한 어떠한 일들도 불허되는 개성공단에서 더는 제 존재의 이유를 찾을 수 없었죠. 정말 무기력한 하루하루였습니다. 그렇게 저는 개성공단을 그만두고 근본적 변화를 꾀해야 한다는 생각을 하게 됩니다.

2010년에는 천안함사건이 일어납니다. 청와대에 '단순 좌초'로 최초 보고되었던 사건이, 이후 어마어마한 '북측의 도발'로 결론지어지면서 이러다가 진짜 전쟁이 날 수도 있겠다는 두려움이 번쩍 들었습니다. 천안함사건과 관련하여 북한 소행설이 나왔을 때 북측의 반응은 진상규명을 위해 공동조사를 하자는 것이었습니다. 북에서도 전문 조사단을 파견하겠다고 했죠. 그런데 우리 정부는 "안 된다, 공동조사는 없다. 못 내려온다, 북측의 소행이다"라고 잘라버렸죠. 북은 계속 "우리가 하지 않았다. 공동 조사해서 명명백백 결론을 내자. 우리가 하지 않은 것을 우리가 한 것처럼 날조하는 것 자체가 적대행위고 전쟁행위다, 묵과하지 않겠다"고 주장합니다. 그런데도 우리 정부는 "필요 없어. 너희들 소행이야"라고 결론 내려버렸죠.

가장 결정적인 사건은, 이명박 대통령이 당시 전 세계 외교부 재외공관장들을 불러들여 천안함 사건이 북한의 소행이라는 논거로 자료를 만들어 해당 국가에 설명하라고 지시한 일입니다. 그 결과 유엔을 비롯한 국제적 차원에서 북에 대한 제재 국면이 발동되죠. 그러자 북측이 격렬하게 항의합니다. "남측은 우리에게 전쟁을 걸었다. 군사적 긴장감을 고조시키는 이런 수작을 우리는 남측의 전쟁행위로 간주할 수밖에 없다"고 주장했죠. 그때부터 각종 훈련을 빌미로 한 군사적 긴장이 고조됩니다.

분단, 무지 그리고 전쟁

북에 대한 적대 정책이 노골적으로 전면화되어 북에 대한 국민들의 무지는 재앙 수준인 상황이었습니다. 이러한 무지가 전쟁을 일으킬 수 있겠다는 공포감을 느꼈습니다. 본격적으로 국민들에게 분단과 평화, 그리고 제가 체험하고 확인한 북에 관한 진짜 이야기를 시작해야겠다고 결심하게 되었습니다.

시민들에게 강의를 하다 보면 종종 천안함사건을 비롯해 KAL기 폭파사건, 버마 아웅산테러사건 등에 관한 질문을 받습니다. 저는 늘 이렇게 답변합니다. 사건의 실체적 진실 문제를 떠나 거짓과 기만, 허구에 찬 적대적 분단체제가 계속되는 한 언제나 일어날 수 있는 사건들이다. 사실이거든요. 어떤 사건이든 일어날 수 있고, 만들어질 수 있습니다. 하루라도 빨리 종전선언과 평화협정을 맺고 평화체제로 가야 합니다. 개성공단에 있던 4년 동안 매일 북측의 사람들을 만나며 제가 내린 결론입니다. 사건 하나하나를 이야기해 봐야 소모적일뿐더러 문제의 근원을 찾을 수 없습니다.

2012년 이후 국민들의 '북맹 탈출'을 위해 '행복한 평화 너무 쉬운 통일'이라는 주제로 강연을 많이 다녔습니다. 작심하고 남북관계와 북한, 분단, 통일, 개성공단 사례를 중심으로 대중 강연을 시작했죠. 북에 대한 총체적 무지를 뜻하는 '북맹'이라는 말을 제가 처음 사용하기 시작했어요. 그 시절 거의 모든 강연장에서 항상 나왔던 질문이 있습니다.

"교수님 괜찮으세요? 이렇게 강의하고 다니셔도 괜찮으세요? 정부가 가만두지 않을 것 같은데요."

거의 모든 강연장에서 들은 이야기입니다. 참 슬펐죠. 강의하는 나보다 오히려 듣는 이들이 더 눈치 보고 두려워하는 그 상황이 말입니다. 강연자보다 강의를 듣는 대중들이 더 두려워하는 희한한 현상, 엄혹한 분단체제가 70여 년간 우리 국민들의 내면에 체화시킨 공포를 적나라하게 마주하는 느낌이었습니다. 이것이 분단이 만든 비정상의 핵심입니다. 북에 대한 공포, 금기의 영역에 대한 공포, 알아도 모르는 척 무조건 고개 숙이고 회피하라고 교육받은 기회주의성이 그곳에서부터 출발합니다.

분단 이후 70여 년의 세월은 북에 대해 말하는 것 자체를 두려워하도록 만들어버렸습니다. 북한·통일·평화 문제에 관심 가지지 마라, 그러다 죽을 수도 있어, 가둬 버릴 수도 있어. 무의식에 내재된 불안이 제 강의를 듣는 순간 발동되는 거죠. 분단은 휴전선에 있는 것이 아니라 이미 우리들 마음 안에 있습니다.

"괜찮으세요?"

그 질문은 제게 하는 말이 아니라 청중이 자신에게 하는 질문입니다. 분단체제라는 공포사회가 만들어낸 두려움의 표현인 거죠. 제가 이야기를 하면 어떤 이들은 저를 안 보고 옆을 보기도 합니다. 수많은 강연을 다니며 제가 마주하는 것은 분단의 트라우마, 눈을 어디에 둘지 모르는 황망한 불안감만 가득한 표정들입니다. 분단체제가 만든 슬픈 우리의 자화상입니다. 그래서 강의를 시작하기 전에 늘 이렇게 말을 합니다.

"분단은 모든 국민을 북맹으로 만듭니다. 분단은 제재와 구로로써 북을 왜곡하고 오도합니다. 그래서 우리는 모두 북맹입니다. 제 이야기는 여러분이 분단, 통일, 북한에 대해 가지고 있는 상식에서 보면 정신적 폭력이 될 수 있습니다. 진실과 상식 사이에서 진실을 듣고 싶으시다면 강의를 시작하겠습니다."

청중이 마음의 준비를 하면 강의를 시작합니다. 제가 경험한 북측, 제가 이해한 북측, 제가 만난 북측 사람들. 여러 논거를 통해 강의를 하다 보면 청중들도 나름대로 완결성 있는 이해를 하게 됩니다.

최근에 국회, 정부, 광역지자체 공무원, 정당, 국가기관, 연구소, 언론사, 민주평통자문회의 등 우리 사회의 지도층 인사들을 대상으로 강연할 기회가 많습니다. 강연을 하면서 똑같이 느낍니다. 북맹에는 지위를 막론하고 전문가와 비전문가가 따로 없다고. 모두가 똑같이 완벽한 북맹이라는 생각을 확인하게 됩니다. 그럴 수밖에 없죠. 분단은 체제와 구조로써 북한·통일·분단에 대해 온전한 교육을 하지 않았기 때문입니다. 우리 사회의 누구도 북맹으로부터 자유로울 수 있는 사람은 없습니다.

얼마 전에는 미국에 강의하러 갔는데 강연장 입구에 태극기 부대가 왔어요. 어떤 강연인지 구체적으로 확인하지도 않고 "종북강연 반대한다"며 소란스럽게 하길래, 정식으로 인사하고 강연을 들어보시라 제안했죠. 두 시간 동안 강의를 했습니다. 그러고 나서 질문을 받겠다고 했는데 단 한 사람도 질문하지 않는 거예요. 왜 질문을 안 할까, 궁금한 게 많으실 텐데… 궁금한 게 있으면 물어보시라고 한 번 더 말씀드렸어요. 조용해요. 그분들은 뭔가 마음이 불편해서 나왔는데 막상 들어보니 다 처음 접하는 이야기였던 거죠. 인식의 차이가 있어야 논쟁도 하는 건데, 사실 북측의 현실과 평화와 통일문제에 대해 깊이 고민해본 적이 없으니 나눌 이야기가 없는 거지요.

제 이야기를 듣고 반응이 좋은 청중은 대부분 여성이나 청년들입니다. 접해본 적 없는 새로운 이야기임에도 수용할 마음의 준비가 되어있어요. 평화에 대한 감수성도 높고요. 사실 평화에 대한 문제는 바로 우리 아이들의 행복에 관한 문제거든요. 젊은 친구들일수록 반응이 좋다는 점도 다행이라면 다행이죠.

행복한 평화, 너무 쉬운 통일

제 강연의 제목입니다. 그렇게 쉬운 통일이라면 옛날에 됐겠지 아직도 이러고 있느냐며 이상하게 여길 수도 있습니다. 지금부터 생각을 바꾸어 보는 건 어떨까요? 휴전선을 허물고 체제를 합치는 것이 통일이 아닙니다. 평화가 통일입니다. 남과 북으로 헤어졌던 가족이 만나 저녁 한 끼 함께 먹는 일이 진짜 통일이고 평화입니다. 북측에도 착하고 순박하고 맑은 사람들이 살고 있더라, 그들에게도 배울 게 참 많더라, 거기서 출발하는 겁니다. 그들과 함께 어울려 산다는 것은 우리가 한 번도 경험해 보지 못한 새로운 시대를 여는 일이 될 것입니다. 이 책이 한 사람 한 사람 생활의 문제로, 우리 공동체의 문제로 통일을 인식하는 계기가 되기를 진심으로 바랍니다.

"김 박사 개성공단은 별일 없겠죠?"

늘 생각나는 대통령님의 말씀입니다. 제 인생의 큰 이정표였죠.
구체적으로 개성공단에 가라고 했던 것도 아닌데, 그 말 한마디
에 제가 알아서 개성공단으로 자원해갔습니다. 2003년 청와대
국가안전보장회의 사무처 한반도평화체제 담당관으로서 개성
공단 착공 초기 업무를 직간접적으로 담당한 인연도 있었고, 대
통령님께서 불현듯 던진 관심사항을 받은 것이니 퇴임 이후에
도 가끔 들러 상황보고를 드려야겠다는 생각도 있었습니다.

실제로, 퇴임하고 2008년 봉하마을에 내려가 계실 때 두 번 찾
아뵙고 개성공단 상황을 말씀드렸습니다. 2008년은 이명박 정
부가 남북 간 합의를 부정하면서 개성공단의 앞날에 먹구름이
끼던 시기였습니다. 그해 가을 찾아뵙고 그 말씀을 드리니 대
통령님께서는 살짝 걱정하시면서 "걱정이네, 그래서는 안 되는
데….." 하시더군요. 그게 대통령님께 드린 마지막 보고였습니
다. 인사하고 대문을 나서는데 대통령님께서 "내년 봄에 와서
다시 이야기해 주게." 그러셨어요. 그날 그 만남이 제가 대통령
님께 드린 마지막 보고, 마지막 인사였습니다.

2009년, 해가 바뀌어 봄이 왔지만 저는 봉하에 가서 개성공단
상황보고를 드리지 못했어요. 그해 5월, 대통령님은 홀연히 떠

나가셨습니다. 저에게 노무현 대통령님은 운명처럼 제가 개성공단을 가야 했던 결정적 이유와 명분을 주신 분이셨습니다. 매년 봄이 되면 "내년 봄에 와서 또 이야기해주게"라는 대통령님의 지시사항이 들리는 것 같습니다. 제게는 영원한 존재로 계신분이시죠.

오래전부터 알고 지내던 분이 있습니다. 교육계에 종사하시는분인데 어느 날 제게 개성공단에서 북측 학생들 교과서를 만들수 있는지 조심스럽게 물으시더라고요. 어머니 고향이 이북인데늘 고향 한번 가보고 싶다고 하시다가 결국 돌아가셨답니다. 어머니 생각만 하면 마음이 아파서 뭔가 남북관계에 기여하는 일을 하고 싶은데 자신이 잘할 수 있는 일이 뭘까 고민해보니, 북측 학생들이 사용할 교과서를 남측의 질 좋은 종이로 개성공단에서 만들어 북측에 무료로 공급하는 일이더랍니다. 학원 사업으로 입지를 굳힌 분이시거든요. 그게 그분의 꿈이랍니다.
그리고 꽃을 키워보고 싶다고 하시더군요. 북측은 토지가 전 인민적 소유이니 북측의 수십만 평 땅에 꽃과 나무들만 심고 남과북이 함께 가꾸고 즐기는 평화통일의 꽃동산을 만들고 싶다고.
참으로 아름다운 꿈이죠?

남북 평화시대는 새로운 상상이 필요합니다. 평화의 제도화를위한 상상은 낯설수록 오히려 실현 가능할지도 모릅니다. 경계

없이 꾸는 무한한 상상과 꿈. 바로 거기에 행복한 평화, 너무 쉬운 통일이 있습니다.

지난 봄 제 이야기를 로드스꼴라 친구들과 나눴던 그때처럼 다른 친구들에게도 전해야겠다고 생각했습니다. 누구나 쉽게 읽을 수 있는 평화와 통일에 관한 글을 써야겠다고 다짐했습니다. 책의 기획과 구성은 오롯이 로드스꼴라의 천사들이 했습니다. 그 친구들의 언어와 눈높이로 엮어진 책이기에 참 남다릅니다. 로드스꼴라의 모든 천사들에게 진심으로 큰 감사와 사랑의 마음을 전합니다. 아낌없이 헌신해준 차민지·황지은 두 친구에게, 그리고 묵묵히 기다리고 인내해 준 로드스꼴라의 존경하는 김현아 선생님과 슬로비 이미경 대표님께도 진심으로 고마운 마음 전합니다.

사랑하며 감사합니다.
우리 모두 평화로 행복합시다.

진솔 김진향 드림

문재인 대통령 평양 5·1경기장 연설문

평양 시민 여러분, 북녘의 동포 형제 여러분, 평양에서 여러분을 이렇게 만나게 되어 참으로 반갑습니다. 남쪽 대통령으로서 김정은 국무위원장의 소개로 여러분에게 인사말을 하게 되니 그 감격을 말로 표현할 수 없습니다. 여러분, 우리는 이렇게 함께 새로운 시대를 만들고 있습니다.

동포 여러분, 김정은 위원장과 나는 지난 4월27일 판문점에서 만나 뜨겁게 포옹했습니다. 우리 두 정상은 한반도에서 더 이상 전쟁은 없을 것이며 새로운 평화의 시대가 열렸음을 8천만 우리 겨레와 전 세계에 엄숙히 천명했습니다. 또한 우리 민족의 운명은 우리 스스로 결정한다는 민족자주의 원칙을 확인했습니다. 남북관계를 전면적이고 획기적으로 발전시켜 끊어진 민족의 혈맥을 잇고 공동 번영과 자주 통일의 미래를 앞당기자고 굳게 약속했습니다. 그리고 올해 가을 문재인 대통령은 이렇게 평양을 방문하기로 했습니다.

평양 시민 여러분, 사랑하는 동포 여러분, 오늘 김정은 위원장과 나는 한반도에서 전쟁의 공포와 무력 충돌의 위험을 완전히 제거하기 위한 조치들을 구체적으로 합의했습니다. 또한 백두에서 한라까지 아름다운 우리 강산을 영구히 핵무기와 핵위협이 없는 평화의 터전으로 만들어 후손들에게 물려주자고 확약했습니다. 그리고 더 늦기 전에 이산가족의 고통을 근원적으로 해소하기 위한 조치들을 신속히 취하기로 했습니다.

나는 나와 함께 이 담대한 여정을 결단하고, 민족의 새로운 미래를 향해 뚜벅뚜벅 걷고 있는 여러분의 지도자 김정은 국무위원장께 아낌없는 찬사와 박수를 보냅니다.

평양 시민 여러분, 동포 여러분, 이번 방문에서 나는 평양의 놀라운 발전상을 보았습니다. 김정은 위원장과 북녘 동포들이 어떤 나라를 만들어 나가고자 하는지 가슴 뜨겁게 보았습니다. 얼마나 민족의 화해와 평화를 갈망하고 있는지 절실하게 확인했습니다. 어려운 시절에도 민족의 자존심을 지키며 끝끝내 스스로 일어서고자 하는 불굴의 용기를 보았습니다.

평양 시민 여러분, 동포 여러분, 우리 민족은 우수합니다. 우리 민족은 강인합니다. 우리 민족은 평화를 사랑합니다. 그리고 우리 민족은 함께 살아야 합니다. 우리는 5천년을 함께 살고 70년을 헤어져 살았습니다. 나는 오늘 이 자리에서 지난 70년 적대를 완전히 청산하고, 다시 하나가 되기 위한 평화의 큰 그림을 내딛자고 제안합니다. 김정은 위원장과 나는 북과 남 8천만 겨레의 손을 굳게 잡고 새로운 조국을 만들어 나갈 것입니다. 우리 함께 새로운 미래로 나아갑시다.

오늘 많은 평양 시민, 청년, 학생, 어린이들이 대집단체조로 나와 우리 대표단을 뜨겁게 환영해 주신 것에 대해서도 다시 한 번 감사드립니다. 수고하셨습니다. 감사합니다.

우리, 함께 살 수 있을까?

: 밀레니얼 세대를 위한 북맹 탈출 안내서

2019년 1월 21일 1판 1쇄 펴냄
2021년 1월 27일 1판 4쇄 펴냄

지은이   김진향
엮은이   차민지, 황지은
펴낸이   이미경

도움을 준 분들   김지이, 김지현, 김현아, 서정현, 서지현, 이성주

사진   연합뉴스
디자인   류지혜
제작   올인피앤비

펴낸곳   도서출판 슬로비
        등록 2013년 5월 22일(제2013-000148호)
        전화 070-4413-3037 팩스 0303-3447-3037
        이메일 slobbiebook@naver.com
        www.slobbiebook.com

ISBN   979-11-87135-11-1 (03340)

이 도서의 국립중앙도서관 출판예정도서목록(CIP)은 서지정보유통지원시스템
홈페이지(http://seoji.nl.go.kr)와 국가자료공동목록시스템(http://www.nl.go.kr/
kolisnet)에서 이용하실 수 있습니다.(CIP제어번호: CIP2018042990)